U0117452

陳福成著

陳福成著作全編

第三十二冊　讀詩稗記

文史哲出版社印行

國家圖書館出版品預行編目資料

陳福成著作全編 / 陳福成著. -- 初版. --臺北市：文史哲，民 104.08
頁： 公分
ISBN 978-986-314-266-9（全套：平裝）

848.6 104013035

陳福成著作全編

第三十二冊 讀詩稗記

著　者：陳　福　成
出版者：文　史　哲　出　版　社
http://www.lapen.com.tw
登記證字號：行政院新聞局版臺業字五三三七號
發行人：彭　正　雄
發行所：文　史　哲　出　版　社
印刷者：文　史　哲　出　版　社
臺北市羅斯福路一段七十二巷四號
郵政劃撥帳號：一六一八〇一七五
電話886-2-23511028・傳真886-2-23965656

全80冊定價新臺幣36,800元

二〇一五年（民一〇四）八月初版

ISBN 978-986-314-266-9 08981

陳福成著作全編總目

壹、兩岸關係

①決戰閏八月
②防衛大台灣
③解開兩岸十大弔詭
④大陸政策與兩岸關係

貳、國家安全

⑤國家安全與情治機關的弔詭
⑥國家安全與戰略關係
⑦國家安全論壇。

參、中國學四部曲

⑧中國歷代戰爭新詮
⑨中國近代黨派發展研究新詮
⑩中國政治思想新詮
⑪中國四大兵法家新詮：孫子、吳起、孫臏、孔明

肆、歷史、人類、文化、宗教、會黨

⑫神劍與屠刀
⑬中國神譜
⑭天帝教的中華文化意涵
⑮奴婢妾匪到革命家之路：復興廣播電台謝雪紅訪講錄
⑯洪門、青幫與哥老會研究

伍、詩〈現代詩、傳統詩〉、文學

⑰幻夢花開一江山
⑱赤縣行腳・神州心旅
⑲「外公」與「外婆」的詩
⑳尋找一座山
㉑春秋記實
㉒性情世界
㉓春秋詩選
㉔八方風雲性情世界
㉕古晟的誕生
㉖把腳印典藏在雲端
㉗從魯迅文學醫人魂救國魂說起
㉘六十後詩雜記詩集

陸、現代詩（詩人、詩社）研究

㉙三月詩會研究
㉚我們的春秋大業：三月詩會二十年別集
㉛中國當代平民詩人王學忠
㉜讀詩稗記
㉝嚴謹與浪漫之間
㉞一信詩學研究：解剖一隻九頭詩鵠
㉟囚徒
㊱胡爾泰現代詩臆說
㊲王學忠籲天詩錄

柒、春秋典型人物研究、遊記

㊳山西芮城劉焦智「鳳梅人」報研究
㊴在「鳳梅人」小橋上

總序：陳福成的一部文史哲政兵千秋事業

陳福成先生，祖籍四川成都，一九五二年出生在台灣省台中縣。筆名古晟、藍天、司馬千、鄉下人等，皈依法名：本肇居士。一生除軍職外，以絕大多數時間投入寫作，範圍包括詩歌、小說、政治（兩岸關係、國際關係）、歷史、文化、宗教、哲學、兵學（國防、軍事、戰爭、兵法），及教育部審定之大學、專科（三專、五專）、高中（職）等各級學校國防通識（軍訓課本）十二冊。以上總計近百部著作，目前尚未出版者尚約二十部。

我的戶籍資料上寫著祖籍四川成都，小時候也在軍眷長大，初中畢業（民57年6月），投考陸軍官校預備班十三期，三年後（民60）直升陸軍官校正期班四十四期，民國六十四年八月畢業，隨即分發野戰部隊服役，到民國八十三年四月轉台灣大學軍訓教官。到民國八十八年二月，我以台大夜間部（兼文學院）主任教官退休（伍），進入全職寫作高峰期。

我年青時代也曾好奇問老爸：「我們家到底有沒有家譜？」

他說：「當然有。」他肯定說，停一下又說：「三十八年逃命都來不及了，現在有個鬼啦！」

兩岸開放前他老人家就走了，開放後經很多連繫和尋找，真的連鬼都沒有了，茫茫無垠的「四川北門」，早已人事全非了。

但我的母系家譜卻很清楚，母親陳蕊是台中縣龍井鄉人。她的先祖其實來台不算太久，按家譜記載，到我陳福成才不過第五代，大陸原籍福建省泉州府同安縣六都施盤鄉馬巷。

第一代祖陳添丁、妣黃媽名申氏。從原籍移居台灣島台中州大甲郡龍井庄龍目井字水裡社三十六番地，移台時間不詳。陳添丁生於清道光二十年（庚子，一八四〇年）六月十二日，卒於民國四年（一九一五年），葬於水裡社共同墓地，坐北向南，他有二個兒子，長子昌，次子標。

第二代祖陳昌（我外曾祖父），生於清同治五年（丙寅，一八六六年）九月十四日，卒於民國廿六年（昭和十二年）四月二十二日，葬在水裡社共同墓地，坐東南向西北。陳昌娶蔡匏，育有四子，長子平、次子豬、三子波、四子萬芳。

第三代祖陳平（我外祖父），生於清光緒十七年（辛卯，一八九一年）九月二十五日，卒於（年略記）二月十三日。陳平娶彭宜（我外祖母），生光緒二十二年（丙申，一八九六年）六月十二日，卒於民國五十六年十二月十六日。他們育有一子五女，長子陳火，長女陳鑾、次女陳燕、三女陳蕊、四女陳品、五女陳鶯。

以上到我母親陳蕊是第四代，到筆者陳福成是第五代，與我同是第五代的表兄弟姊妹共三十二人，目前大約半數仍在就職中，半數已退休。

寫作是我一輩子的興趣，一個職業軍人怎會變成以寫作為一生志業，在我的幾本著作都詳述（如《迷航記》、《台大教官興衰錄》、《五十不惑》等」。我從軍校大學時代開始寫，從台大主任教官退休後，全力排除無謂應酬，更全力全心的寫（不含為教育部編著的大學、高中職《國防通識》十餘冊）。我把《陳福成著作全編》略為分類暨編目如下：

壹、兩岸關係

①《決戰閏八月》②《防衛大台灣》③《解開兩岸十大弔詭》④《大陸政策與兩岸關係》。

貳、國家安全

⑤《國家安全與情治機關的弔詭》⑥《國家安全與戰略關係》⑦《國家安全論壇》。

參、中國學四部曲

⑧《中國歷代戰爭新詮》⑨《中國近代黨派發展研究新詮》⑩《中國政治思想新詮》⑪《中國四大兵法家新詮：孫子、吳起、孫臏、孔明》。

肆、歷史、人類、文化、宗教、會黨

⑫《神劍與屠刀》⑬《中國神譜》⑭《天帝教的中華文化意涵》⑮《奴婢妾匪到革命家之路：復興廣播電台謝雪紅訪講錄》⑯《洪門、青幫與哥老會研究》。

伍、詩〈現代詩、傳統詩〉、文學

⑰《幻夢花開一江山》⑱《赤縣行腳・神州心旅》⑲《「外公」與「外婆」的詩》、⑳《尋找一座山》㉑《春秋記實》㉒《性情世界》㉓《春秋詩選》㉔《八方風雲性情世界》㉕《古晟的誕生》㉖《把腳印典藏在雲端》㉗《從魯迅文學醫人魂救國魂說起》㉘《60後詩雜記詩集》。

陸、現代詩（詩人、詩社）研究

㉙《三月詩會研究》㉚《我們的春秋大業：三月詩會二十年別集》㉛《中國當代平民詩人王學忠》㉜《讀詩稗記》㉝《嚴謹與浪漫之間》㉞《一信詩學研究：解剖一隻九頭詩鵠》㉟《囚徒》㊱《胡爾泰現代詩臆說》㊲王學忠籲天詩錄。

柒、春秋典型人物研究、遊記

㊳《山西芮城劉焦智「鳳梅人」報研究》㊴《在「鳳梅人」小橋上》㊵《我所知道的孫大公》㊶《孫大公思想主張手稿》㊷《金秋六人行》㊸《漸凍勇士陳宏》。

捌、小說、翻譯小說

㊹《迷情・奇謀・輪迴》㊺《愛倫坡恐怖推理小說》。

玖、散文、論文、雜記、詩遊記、人生小品

㊻《一個軍校生的台大閒情》㊼《古道・秋風・瘦筆》㊽《頓悟學習》㊾《春秋正義》㊿《公主與王子的夢幻》51《迴游的鮭魚》52《男人和女人的情話真話》53《台灣邊陲之美》54《最自在的彩霞》55《梁又平事件後》。

拾、回憶錄體

56《五十不惑》57《我的革命檔案》

58《台大教官興衰錄》59《迷航記》60《最後一代書寫的身影》61《我這輩子幹了什麼好事》62《那些年我們是這樣寫情書的》63《那些年我們是這樣談戀愛的》64《台灣大學退休人員聯誼會第九屆理事長記實》。

拾壹、兵學、戰爭

65《孫子實戰經驗研究》66《第四波戰爭開山鼻祖賓拉登》。

拾貳、政治研究

⑰《政治學方法論概說》⑱《西洋政治思想概述》⑲《中國全民民主統一會北京行》⑳《尋找理想國：中國式民主政治研究要綱》。

拾參、中國命運、喚醒國魂

㉑《大浩劫後：日本 311 天譴說》、《日本問題的終極處理》㉒《台大逸仙學會》。

拾肆、地方誌、地區研究

㉓《台北公館台大地區考古・導覽》㉔《台中開發史》㉕《台北的前世今生》㉖《台北公館地區開發史》。

拾伍、其他

㉗《英文單字研究》㉘《與君賞玩天地寬》（別人評論）㉙《非常傳銷學》㉚《新領導與管理實務》。

我這樣的分類並非很確定，如《謝雪紅訪講錄》，是人物誌，但也是政治，更是歷史，說的更白，是兩岸永恆不變又難分難解的「本質性」問題。

以上這些作品大約可以概括在「中國學」範圍，如我在每本書扉頁所述，以「生長在台灣的中國人為榮」，以創作、鑽研「中國學」，貢獻所能和所學為自我實現的途徑，以宣揚中國春秋大義、中華文化和促進中國和平統一為今生志業，直到生命結束。我這樣的人生，似乎滿懷「文天祥、岳飛式的血性」。

抗戰時期，胡宗南將軍曾主持陸軍官校第七分校（在王曲），校中有兩幅對聯，一是「升官發財請走別路、貪生怕死莫入此門」，二是「鐵肩擔主義、血手寫文章」。前聯原在廣州黃埔，後聯乃胡將軍胸懷，「鐵肩擔主義」我沒機會，但「血手寫文章」的

「血性」俱在我各類著作詩文中。

人生無常，我到六十三歲之年，以對自己人生進行「總清算」的心態出版這套書。

回首前塵，我的人生大致分成兩個「生死」階段，第一個階段是「理想走向毀滅」，年齡從十五歲進軍校到四十三歲，離開野戰部隊前往台灣大學任職中校教官。第二個階段是「毀滅到救贖」，四十三歲以後的寫作人生。

「理想到毀滅」，我的人生全面瓦解、變質，險些遭到軍法審判，就算軍法不判我，我也幾乎要「自我毀滅」；而「毀滅到救贖」是到台大才得到的「新生命」，我積極寫作是從台大開始的，我常說「台大是我啟蒙的道場」有原因的。均可見《五十不惑》、《迷航記》等書。

我從年青立志要當一個「偉大的軍人」，為國家復興、統一做出貢獻，為中華民族的繁榮綿延盡個人最大之力，卻才起步就「死」在起跑點上，這是個人的悲劇和不智，正好也給讀者一個警示。人生絕不能在起跑點就走入「死巷」，切記！切記！讀者以我為鑒！在軍人以外的文學、史政有這套書的出版，也算是對國家民族社會有點貢獻，對自己的人生有了交待，這致少也算「起死回生」了！

順要一說的，我全部的著作都放棄個人著作權，成為兩岸中國人的共同文化財，而台北的文史哲出版有優先使用權和發行權。

這套書能順利出版，最大的功臣是我老友，文史哲出版社負責人彭正雄先生和他的夥伴們。彭先生對中華文化的傳播，對兩岸文化交流都有崇高的使命感，向他和夥伴致上最高謝意。

台北公館蟾蜍山萬盛草堂主人　陳福成　誌於二〇一四年

五月榮獲第五十五屆中國文藝獎章文學創作獎前夕

自序——人生充滿著意外

人生真是充滿著意外！一點都沒錯。這輩子意內想做的事，而且已做，是讀軍校、當大將軍，爲中國的統一大業作出大貢獻。誰知道，這條路走得慘不忍睹！見余所著《迷航記》一書。

意外的走到作家這條路，而且是「大作家」，此「大」指的是「量大」而已。本書已是正式出版的第七十好幾本書，按此發展下去，難說這輩子沒有百本著作問世，真是不大也難，我只能說「不小心搞大了」！只是萬事萬物總有不足、有遺憾！這麼多著作中，那一本可以成爲「經典」！可以成爲傳世之作，我確說不上來！尚未出現！

本書爲閱讀現在中國（兩岸各地）的作家、詩人等各類作品劄記心得，有曾美玲、子青、吳淑麗、陳欣心、沙牧、鍾順文、謝佳樺、上官白成、楊慧思、舒慧、陳琪手、曾偉強、林明理、瘦雲王牌、紫楓、李政乃、落蒂、台客等各名家。

讀詩稗記

——蟾蜍山萬盛草齋文存

目次

與妻及岳父母

多年前愛爬高山，這（二〇〇三年）雪白山之行。

參加文壇座談會左起：導演徐天榮、葡刊主編台客、本書作者陳福成、青溪理事長林靜助、詩人潘浩、詩人林芙蓉。2008年6月在台北市錦華樓。

那些年、在研究所研究……

自在

全家福

民國九十六年詩人節獲「中國文協」頒「詩運獎」，文壇大老九五高齡鍾鼎文先生親自頒獎。

曾經有過，長髮飄飄的感覺！

與妻玉山行

與妻歐洲行

與蔣公合照

妻與蔣公

與南部詩人鍾順文（右）合照

參加青溪文藝

文友交流

在重慶大學

文友交流

秋水詩友

秋水詩友訪中台禪寺

台大逸仙學會

台大文友木柵茶園之行

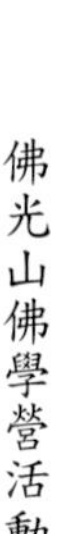
佛光山佛學營活動

佛光山佛學營活動

佛光山佛學營活動

佛光山佛學營活動

與妻在海南省植物園，二〇〇八年

與妻在東埔山莊

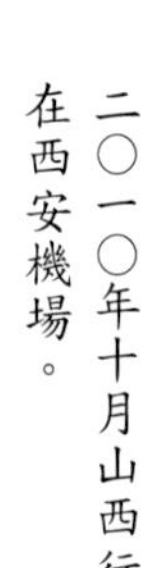
二〇一〇年十月山西行，在西安機場。

吳家業老家前的小湖，左一是范揚松。

師兄弟三人在山西芮城永樂宮，二〇一〇年十月三十日。

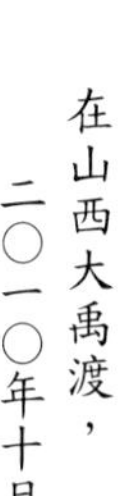

在山西大禹渡，二〇一〇年十月。

三個國軍上校（退）和一個解放軍上校。二〇一一年九月，山西芮城。

參加山西芮城文化活動，二〇一一年九月十五日。

三月詩會詩人們。

在文友聚會時，高歌一曲。

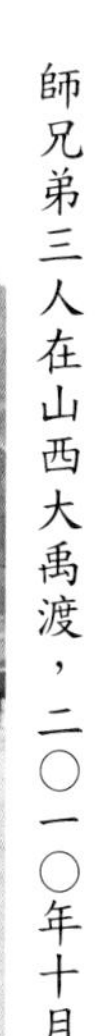

師兄弟三人在山西大禹渡，二〇一〇年十月。

在山西大禹渡黃河岸，2010 年 10 月。

我也曾經長髮飄飄。

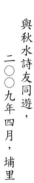

與秋水詩友同遊，二〇〇九年四月，埔里。

某日，在秋水詩屋悠哉，二〇〇七年四月。

台北青溪文友拜訪南部文友。

南北文友交流座談。

左起：一信、台客、林靜助、林芙蓉、金筑、雪飛、彭正雄，二〇〇九年十一月廿五日。

文友同遊台南。

吳家業兄（左）邀一群好友，到他位於新竹寶山的果園採柚子，右起：吳明興、謝增錦、許文靜、本書作者、陳在和，小朋友是吳明興的寶貝。二〇一二年十一月三日，以下都是。

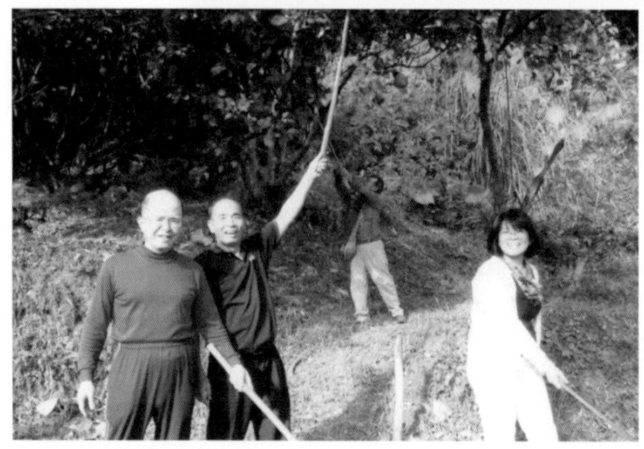

回顧早期艱難步履・前瞻未來

——「葡萄園」五十歲的省思

「葡萄園」詩刊要過五十大壽了，多麼不容易，多麼的艱難，才能走出這段路，因爲前面那五十年，台灣有多少詩刊詩社的成立，但絕大多數早已「陣亡」，能「存活」至今必然是極少數，「葡」刊是這些極少數存活者之一。故「葡」刊五十大壽，能不好好慶賀乎？

主編台客先生很早叫大家寫東西慶賀，我一直忙於別的功課。直到春節過後才向台客要到十九本「葡」刊早期出刊的詩刊，我以逆向回顧早期艱難步履，策勵未來。台客暫借到早期詩刊有6、7、11、64、65、66、68、69、70、73、74、75、76、77、81、82、87、88、89、94、99期，共廿一期（十九本，因73、74合刊，88、89合刊）。

這廿一期（十九文本）中，第6、7期主編是副社長陳敏華兼任；第11期無主編，以「編輯者：本刊編輯委員會」行之，可能是人事上的不確定；文曉村先生主編有64、65、66、68、69、70、73、74、75、76、77、81、82、87、88、89各期；94、99期吳明興先生主編。

按此脈絡，本文估設以「草創時期」、「文曉村時期」和「吳明興時期」三個階段，簡單回顧早期時代「葡」刊一些人事、作品。思想脈絡等足跡，找尋前瞻並策勵未來的動力。

壹、「草創時期」的回顧

草創時期文本日前可能不易尋獲，尤其最初創刊號到五期，幸好賴益成主編《葡萄園目錄》（台北：詩藝文出版社，一九九七年十一月），有部份可查知。第一、二期有文曉村的「編後記」，判斷文老是主編；第3、4、5期有藍雲的「編後人語」，亦判斷他是主編。

我手上只有草創時期第6、7、11三個文本。便以這三期概要回顧。

▲《葡萄園季刊》第六期（民國52 10 15出版）

薄薄的一本，總共五十一頁。發行人王在軍（以下各期同），社長李佩徵，副社長兼主編是陳敏華。編輯委員有王鐵魂、古丁、史薏人、宋后穎、徐和隣、許進鏘、黃武雄、楊奕彥、鄭稔、藍雲，共十人、但不知爲何？竟沒有文曉村大名！

這時期的主要作家有古丁、高準、周夢蝶、宋后穎、晶晶、文曉村、陳敏華、王在軍、余光中、藍雲、胡品清等五十餘名家。古丁在「詩與語言文字的關係」論文，提到詩人和藝術家不能止於獲得創造的快樂，還要給別人快樂；及社論「論詩人的覺醒」，說詩的價值在激動讀者，引導讀者進入詩人所創造的優美境界。這些都是有「永恆性」的價值足以回答近幾期（二〇一一年前後），葡刊在討論的「如何才是好詩」問題，好詩的條件在能感動人心；反之，若不能感動人心，不論如何夸飾、跳接，乃至叫人看不懂，都是「不好的詩」。

▲《葡萄園季刊》第七期（民國53元15出版）

人事約同第6期，編輯委員少了王鐵魂和藍雲，只有八人，還是未見文曉村大名。

也是薄薄的五十一頁，詩人群像概同6期。這期報導覃子豪先生逝世消息，古丁「論個人與群眾」論文，讓人驚訝，而他只是個士官長，只能說真是天才了。

▲《葡萄園季刊》第十一其（民國54元15出版）

這期社長換陳敏華、副社長古丁和王幻任之，編輯者全部「隱形化」，以「本刊編輯委員會」對外負責，仍未見文曉村大名。這期的社論「關於批評」一文，可以讓我們窺知那時的「戰火」已然燎起：

> 讀過「藍星一九六四」的人，在「創刊詞」裡都會知道，羅門先生對於我們提倡「詩的明朗化」表示不滿，形容為「近來有人高喊明朗反對晦澀，我真不知道他們的箭究從那裡射出……」然後說了一堆廢話。其實，我們才真的不知道羅門先生究竟有沒有弄清楚，什麼是「詩的明朗化」？……如果有人想提倡「晦澀」，儘管大胆地提倡，大胆的主張，躲躲閃閃是躲不掉的，我們的箭既然已經射出，是非要「射中現代詩的死敵」不可！（註一）

那是一個現代詩論戰時代，數十年來戰火始終未停，只是火的大小不同。但那一方才是正確的中國新詩發展方向？相信也早有定論，「晦澀」與「明朗」誰贏？

文曉村在這期有「批評，求證及其他」一文，說到「這兩年來一般新詩人所發表的新詩，絕大多數都是明朗的，可解的。而那些毫無內容，故弄玄虛的僞現代詩，則是幾乎已經完全絕跡了。」（註二）從這些過往的「戰史」論證，葡萄園一開始走的就是一條「正路」。

略觀草創時期，葡刊在人事上很不穩定，大概就是「凡事起頭難」，加上那個年代有很多限制因素。詩刊本身也很單薄，不過五十頁，但那是前輩們許多努力才展現的成果。

貳、「文曉村時期」的回顧

「文曉村時期」很難界定有多久時間，甚至用比較寬鬆解釋，葡刊從創刊到文老謝世，文老都是重要的領導級人物。但本文大致上從「主編」認定，因爲主編負責整個文本作品的取捨和編成。

從第十一期（54、1、15）到六十三期（67、3、15），這數十期間，按《葡萄園目錄》，負責寫「編後」（判斷就是主編）的，尚有史義仁、徐菁、古丁、陳敏華、徐和隣、文曉村、謝輝煌等七人，文曉村則從五十六期（65、5、15）一路編下來，到九十一其（90、91合刊，74、5、15出版），都是文老主編，直到交給吳明興。以下針對「文曉村時期」抽樣回顧。

從64到70期，主編都是文曉村，社長有陳敏華和李佩徵，並未顯示其他同仁。在作品的安排上，每期各有主題範圍，例如64期是朗誦詩專號，65期是新詩論評專號，66期是團結自強專輯，69 70都是新詩教育專號。

第73 74兩期合刊（70、4、30出版），這期的封面內頁，刊出本社同人：王在軍、王碧儀、文曉村、白靈、司馬青山、宋后潁、何錡章、李佩徵、李仲秋、沈蓮花、李榮川、金筑、吳青玉、胡嵐、徐哲萍、洪荒、流沙、徐和隣、耿殿棟、閔垠、賀志堅、陳娜蓮、黃裔、溫素惠、路衛、黃龍泉、魯松、趙敏、謝輝煌、藍俊，共三十人，此時可謂陣容堅強。

這麼堅強的詩隊伍，都是那個時代台灣新詩界的名家。而我們葡萄園的領航人也是大家長的文曉村先生的代表作「一盞小燈」，就是在這更早的年代發表的，他一九七三年四月寫於金門，同年十一月發表在《葡萄園》詩刊第四十六期，讓我們回顧並回味：（註三）

一盞小燈

文曉村

在荒漠的曠野
野狼在嗥叫　令人毛髮聳動
遠方　那一閃
熒熒的亮光
可是一盞小小的燈？

在深夜的海上
黑色的風浪　撞擊著水手的心
遠方　那一閃
淡淡的亮光
可是一盞小小的燈？

在濃霧的島上

風平浪靜　星兒也跌入夢境
遠方　那一閃
濛濛的亮光
可是一盞小小的燈？

縱然是白晝
都市和鄉村歡笑般的
炫耀著春花秋月的風景
我的心靈啊　依然渴望
那一盞小小的燈

而我知道
在這個世界上
那一盞夢幻的小燈
是永遠無法接近的

便只有默默地
把心貼了上去

如今哲人已遠，但文老精神長在，尤其他那「一盞小燈」，已成「一盞不滅的燈」（引賴益成用語）

文老主編這段時間，葡萄園在人事（同仁陣容）上沒有太多改變，第90、91期仍是文老寫「編後」，到92期吳明興上台寫「編後」。此期間，第81期是「里程碑」的一期，因為這期是慶祝葡萄園創刊二十週年酒會實錄，一家詩刊沒有政府補助能在極有限的人力物力，苦幹實幹走過二十年，多麼不容易的事。

葡萄園詩刊是民國五十一年七月十五日創刊的，到七十一年七月十五日滿二十年。是年八月二十二日在國軍文藝活動中心音樂廳，舉行二十週年酒會。在葡刊第八十一期報導了實況經過，發行人王在軍致「感謝與希望」，文藝界領導人陳紀瀅先生致詞「集中力量，掀起詩的高潮」；鍾雷先生期許「奮勉不息、繼續向前」，左曙萍「永遠珍惜這份光榮」，宋膺「無愧詩人的頭銜」，羊令野勉「要三十年、四十年的辦下去」。（註四）

二十週年酒會本社同仁會後合影，至今正好已是三十年前，我看詩刊上的黑白照片依然帥哥美女，只是他們現在不知都去了何方？尚在人間者又在那裡？仔細看看「二十周年貴賓簽名錄」：文曉村、老康、羅門、薛林、左曙萍、魯蛟、司馬青山、蕭蕭、葉日松、高淑華、陳紀瀅、向明、宋膺、宋穎豪、金筑、綠蒂、白靈、范揚松、麥穗、流沙、王在軍、涂靜怡、晶晶、落蒂、謝輝煌、管管、林錫嘉、莫渝、羊令野……

二十年多麼不容易！像一個嬰兒誕生，經過童年、少年，長到二十歲，這中間有很多問題要處理，而有些也沒有機會長到二十歲，葡萄園竟然二十歲了！第八十二期有二十周年《葡萄園詩選》的迴響，詩人碧光深感文曉村之於詩的執著，歷久彌堅，卓然有成，非有牛的毅力不克臻，以詩題「你是一頭牛：給曉村」：（註五）

看你
這一頭亞熱帶的老牛，
卻賽過北國沙漠之州的耐力，
雖不曾載著駝背的老聃
及五千言道德經，
悄悄走出函谷，

也不曾讓那個年輕的書生
騎背，
掛角，
而是以沉重的腳步，
曳著詩之犁耙，
深耕於「葡萄園」的壟下，
不計寒暑，
無畏風霜，
踩過無數次阿波羅的金輪，
不屑旁顧。
斜陽投射於林間的影子，
載回五分之一世紀的豐收。

這是詩人碧光以近觀直述文曉村辛苦耕耘這片園地的精神，我們這些後生小輩能不好好努力乎？在第八十二期另有一首詩「行過曠野：寫給葡萄園詩刊創刊二十年」，是

和葡刊結緣甚早的企業界詩人范揚松作品，這首詩已完全不同的感覺、距離寫葡刊二十年成長。（註六）

山水退至眼界以外
天空在兀鷹的迴飛中失速
暗澹的光影哩，我看見你
背負時間的重量，走過
無歌無酒的驛站

而你一如囊昔，從空地
把自己攤成一遍曠野
一冊不立文字，宣言
奧義如梵唄的大書
反覆咀嚼，默誦
直至淚水湧自眼角

凝結為一句句無言

「呵！二十個年頭了！」
輕輕喟嘆彷彿一陣流風
吹過，我在敻闊的經緯
忖度地層的富饒與光熱
至此，我方領悟曠野的意義
是體驗，而非理論的設計

光影的斑馬，疾蹄飛奔
迸濺火光，照亮你的去途
去穿越白剌剌的榛莽
去逕閃黑黝黝的暗算
而我不停地注視你堅持的
姿勢，行過曠野

竟成一身風景殊異的
水山

71、9、16 范揚松 於斗六

民國七十一年九月，范揚松還是「革命軍人」，這年他的長詩「風雪大辯論」獲第十八屆國軍文藝金項獎長詩組銅像獎;而才兩年前的民國六十九年，范揚松也已長詩「永遠的旗幟」，獲十六屆國軍文藝金項獎長詩組銀像獎（金像獎缺、他等於首獎）。他後來成爲企業管理名師，當時還不是葡刊同仁，所以他的「行過曠野」一詩，用遠觀的詩筆，「不停地注視你堅持的／姿勢，行過曠野」，他感受到的是「光影的斑馬，疾蹄飛奔／迸濺火光，照亮你的去途」，二十年似瞬間過了，但更堅困的路在前面，白刺刺的榛莽和黑黝黝的暗算，沒有砲火的戰爭永遠存在的，挑戰和競爭是永不止息的，淘汰弱者和不行者永遠不會手軟……

「文曉村時期」結束了!文老也走了!可以告慰他老人家的是葡萄園依然茂盛，我們仍在努力耕耘，沒有忘記文老和前輩們當初建園創社的精神，也仍記著文老的遺言，回顧賞讀文曉村先生「我的遺言」一詩：（註七）

請為我雇一條船
從基隆港出發
至西北西三十公里處
將我的骨灰
投入海底

並非效法先賢吳稚暉
也不敢追蹤
無冕之君鄧小平
任何不當的比擬
都會織成僭妄之譏

我只想在那裡
尋找一塊九五年春天

自西北西飛來的彈片
我要在那上面
寫　我的遺言

所謂不放棄武力
不等於戰爭之必須
一條微妙的和平之路
已經隱隱然的出現
說窄很窄　說寬也很寬

或謂　別急　別急
事緩就容易
中國人的智慧
無為而無不為
沒有解決不了的難題

這是一首「健康、明朗、中國」的中國現代詩（新詩），文老一生對當代中國新詩的建設經營，正是這個宗旨，就詩的內涵表現都是這樣正確的道路。

但是，一個詩人的一生不論他寫出多少好作品，如果他的作品（含他的人品）只關注在他個人，頂多在擴而大之，把他創建的園地經營的有聲有色。那麼，他頂多只算個詩人，他不可能成爲一個「偉大的詩人」，因爲他和國家、社會、人民的民族興衰，距離太遠，甚至沒有關係，他的存在意義不大！

文老的作品與人品有一致性，他和國家、民族、社會始終掛在一起，他的作品關注國家統一問題，他更關心中華民族興衰。準此，未來再經歷史公正裁判，文老在中國歷史上有機會進入「偉大詩人」之一的候選對像。

參、「吳明興時期」的回顧

我手上能有『直接證據』說吳明興主編，只有94、99兩期文本。第92、93期查《葡萄園目錄》有吳明興寫「編後」，第95、96、97、98均不詳。故「吳明興時期」的回顧，就以94、99兩期抽樣代表了。

注意《葡萄園詩學季刊》第94期，這個經過註冊的「身份證姓名」改了，在此之前早期稱《葡萄園季刊》，不久有《葡萄園詩刊》，後兩者大同小異，但前者「詩學」季刊大大不同，有了學術味道。這或許新主編吳明興有他的新構想、新的創意。

第94期同仁陣容也和往昔小有不同，開宗明義放在封面內頁，最明顯的地方：文曉村、王在軍、王碧儀、司馬青山、白靈、李佩徵、吳青玉、吳明興、洪荒、耿殿棟、徐哲萍、陳娜蓮、陳皓、流沙、黃裔、曾美玲、路衛、楊小川、詩薇、賴益成、魯松、談真、黃俊、鍾銘樑。共二十四人。

比較第93、94合刊本（70、4、30出版）封內頁，同仁名單，少掉的同仁有：何錡章、李仲秋、李榮川、賀志堅、謝輝煌、宋后穎、沈蓮花、金筑、胡嵐、徐和隣、閔垠、溫素惠、黃龍泉、趙敏。退出（不論任何原因）有十四人，如同政黨改組，一半人馬換了。

另一方面新增加的有：吳明興、陳皓、曾美玲、楊小川（筆者的結拜弟弟）、詩薇、賴益成、談真、鍾銘樑。共二十四人（含原來的十六人）。

第94期雖刊了二十四位同仁名單，但同期內容各篇章的輯一卻是「徐哲萍博士的追悼專輯」，原來75年2月5日徐先生已經謝世。事實上同仁是二十三人。

第94期有三個特色，其一開拓「新詩群的崛起之二：南風詩展」，這是前期已進行的續篇。吳明興在這個前言表示，基於獎掖後起者的構想，從即期起，做一系列詩展專欄，有兩個重要的意義，一者開放版面給繼起者適切的激勵；二者讓參展者自行提出作品，做自我肯定的呈現。吳主編希望經過這樣的鼓盪，能「開啓進入廿一世紀詩學之大門的新傳統，亦且，使其不僅止於是中國的，同時更是人類世界的。」（註八）首先推出「南風詩展」，是由東吳大學孟上勇、胡仲權、陳學仁、游勝冠、黃靖雅、楊維晨等六人共同倡議發起，於七十四年元月五日繼「海棠」、「漢廣」詩社之後創社，目前他們有社員十六人，這次提展作品參展有十人：楊維晨（物理）、黃靖雅、游勝冠（中文系畢）、胡仲權、湯富紫、劉美娜、王國泰、陳學仁、廖家玲、孟上勇（中文）。他們的作品均見第九十四期，這是播種的工作，很有意義。

94期的第二特色，是「陳冠華詩作筆談」，說是特色因爲抽樣中未見葡刊有筆談，可見是主編的新作法。參加筆談的詩人有羅門、文曉村、向明、辛鬱、劉菲、趙天儀、張健、喬林、高信疆、李弦、蕭蕭、羅青、白靈、鍾順文。都是台灣當代詩壇一方之領導，像羅門、向明、蕭蕭、白靈、鍾順文，至今廿一世紀了，作品依然如泉湧，可謂從廿世紀紅到廿一世紀。而廿五六年前，他們正常盛年，他們在葡萄園中主編所設計的舞台，展現他們的才華，他們的展品是——詩。

第94期的第三個特色是刊出近九百行的長詩，絕大多數詩刊絕不搞這種事，因爲會排擠掉很多別人的作品，葡刊之前各期似未刊用這種近千行的長詩。吳明興開新局，刊了這種長詩，必是詩人了得，這詩人是何方大師?都不是，他是文化大學哲學系畢業不久的年青詩人楊小川（本名楊文彬，與筆者是結拜兄弟，但當時吳明興不知道這層關係。）。小川這首詩「上克難坡」，有一三二段約九〇〇行，真是壯舉。

楊小川的詩太長，本文不能碰觸。但以吳明興爲代表，欣賞他的兩首短詩。

短歌行

吳明與

我欲望著烈酒
像一柄俠骨的劍
不合時宜的
你務必要相信
那種焦灼的痛覺

在黎明來前
我向卑弱的筆
說了這些讓夢不安的話

薤露歌

吳明興

在蔓草間
寫下佚名的輓歌
春天就結束了
我開始畏懼傾聽
並且試圖拒絕
向未來遞減的足音
然而不由自主的我
卻愈走愈快了

吳明興是當代詩壇奇才，就是放眼兩岸一中，他也絕對是第一流詩人。但就在他發表了三千多首詩後，突然隱軼不見人影了，原來轉業讀博士去了，如今已是某大「會叫的野獸」，看來寫詩「真的不能當飯吃」！

近十年來，吳明興、范揚松、方飛白、胡其德和筆者，大約每一到二個月在范揚松位於師大分部前的辦公室內，經常從黃昏到午夜，大家詩酒聚會，縱情高論，一篇篇詩歌佳文如泉湧出，啊！人生，若無酒無詩，還是人生嗎？

《葡萄園詩學系列》第99期（76、8、15出版），也在第一頁刊出同人名錄，又和前面（94期）小有不同，他們是：文曉村、王在軍、王碧儀、白靈、司馬青山、李佩徵、吳青玉、吳明興、洪荒、耿殿棟、陳娜蓮、陳皓、流沙、張國治、黃裔、曾美玲、路衛、楊小川、詩薇、賴益成、魯松、談真、藍俊、鍾銘樑、謝輝煌。共廿五人，本文只是一個回顧，並不深究來者爲何來？去者又爲何而去？創刊至今始終不變的是發行人王在軍。

第99期的「新詩群的崛起」已到之七，展出徐望雲作品，特稿有文曉村「四分之一世紀的愛」、吳明興「芳川通信選」、舒蘭「早期新詩作家簡介」。另有海外篇和創作篇，仔細看看那些詩人？許多現在還是詩壇健將，筆者也還認得，如謝輝煌、魯松、楊小川、童佑華、琹川、王牌、莊雲惠……

第99期的最後一首作品，我仔細品賞，那筆調、那感覺，好像我讀過的一個女詩人，

《竹塹文獻》上新竹現代詩人六家之一莊雲惠，另五家是周伯陽、陳秀喜、杜潘芳格、李政乃、范揚松。（註九）這新竹六家現代詩人中，現在《葡萄園詩刊》有其二，莊雲惠和范揚松是葡刊同仁。我很有感覺的筆調，莊雲惠的「徒然」，抄錄雅賞：

突然好想念那風
　　　那雲……
深思馳騁著
我彷彿已是風中飛舞的葉族
　　　雲間悠遊的明霞
　　　一禽鳥的疾翔
　　　一星子的閃爍
然而，我什麼都不是
依舊蜷居在斗室的孤燈下
任憑心中的風雲
鼓動

肆、結論：前瞻未來

葡刊終於走到廿一世紀，進入世紀的第二個十年，每一期所呈現的，封面就像「打扮得美美的林志玲」，給人以賞心悅目的感覺；而內容豐富早已超越往昔不知多少！放眼全台灣乃至兩岸一中，葡刊和目前仍在「存活」的詩社比較，如創世紀、笠、秋水、乾坤……，葡刊絕對是大老級的「老店」，有著數不清的詩人在這老店展示自己的作品，也有說不盡的粉絲讀者，無限風光。

然而，全世界各式各樣的老店（如國民黨、英國工黨、美國民主黨、我們詩壇上幾個詩社等），都有了世代傳承的問題，到底老店要不要開下去？要如何經營？如何年青化？老的一個個都老了，眼看著太陽就要下山了，誰要來接班？

回顧我們葡刊早期，當年創社建業的前輩雖也一個個走了，但看他們走過的足跡，從無到有，從一片沙漠變成綠洲，這是何樣的精神和使命感！

即也是一個貧窮的年代，一窮二白是常態，民國五〇、六〇年代也是我童年少年走過的年代。但錢的問題並沒有難倒葡刊的先賢前輩，因為錢是死的，人是活的。向來只有人的問題，錢，從來不是問題。本文重點在回顧前輩步履，以前瞻未來，思考葡刊的未來。

註釋：

註一：「關於批評」，《葡萄園季刊》第十一期，民國五十四年元月十五日。頁二——三。

註二：同註一，頁七。

註三：文曉村，「一盞小燈」，引用自賴益成主編，《一盞不滅的燈：詩人文曉村追思錄》（台北：詩藝文出版社二〇〇八年十二月廿五日），頁三五——三六。

註四：《葡萄園詩刊》第八十一期，民國七十一年十一月十五日出版，各家致詞見頁五——十六。

註五：《葡萄園詩刊》第八十二期，七十二年三月十五日出版，頁二四。

註六：同註五，頁廿五。

註七：同註三書，內摺頁。

註八：吳明興，「新詩群的崛起之二」，《葡萄園詩學季刊》第94期，75年5月15日出版，頁十五。

註九：楊宗翰，「新竹現代詩人群像」專輯弁言，《竹塹文獻雜誌》，第二十二期，二〇〇二年元旦號。

葡萄園詩刊創刊二十週年紀念貴賓簽名錄

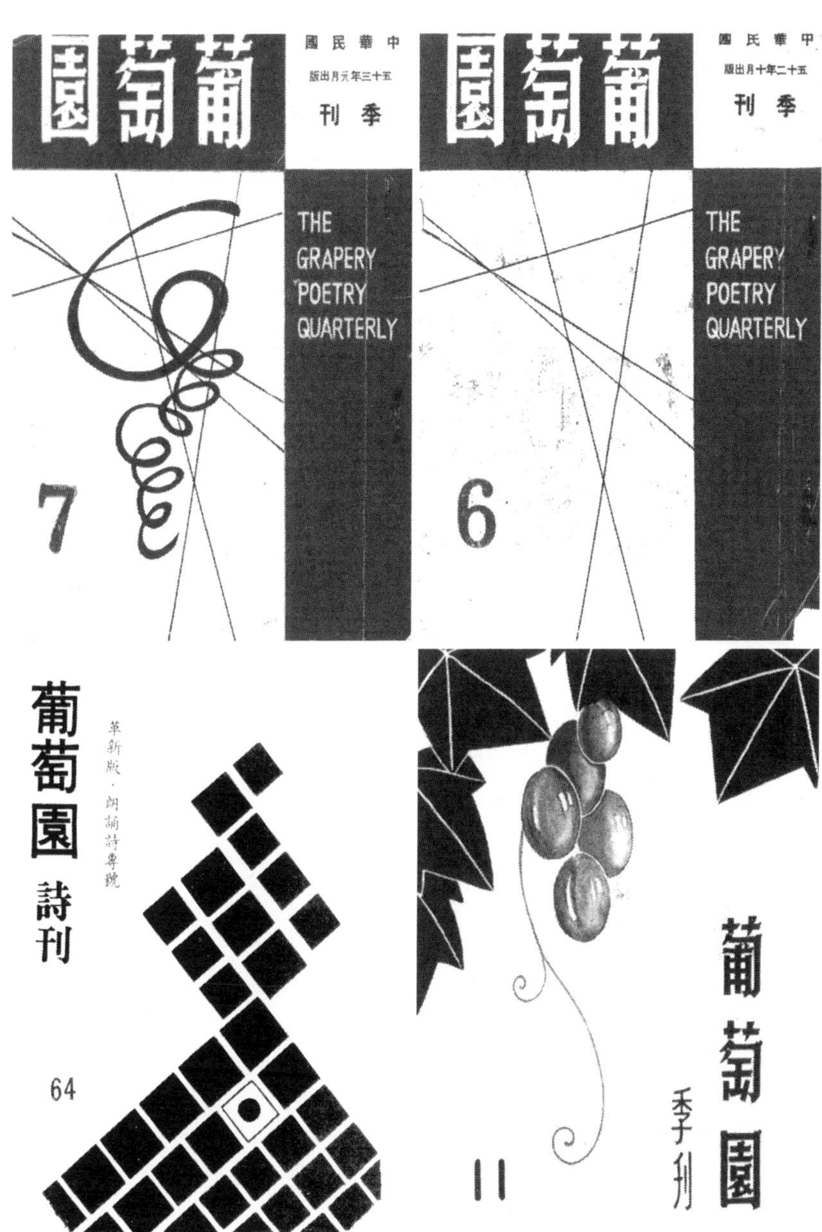
葡萄園
中華民國
五十三年元月出版
季刊
THE GRAPERY POETRY QUARTERLY
7
葡萄園
中華民國
五十二年十月出版
季刊
THE GRAPERY POETRY QUARTERLY
6
葡萄園 詩刊
革新版・朗誦詩專號
64
葡萄園
季刊
11

團結自強專輯

葡萄園詩刊

培之署

66

印

按：白底的字影印机印不出來、

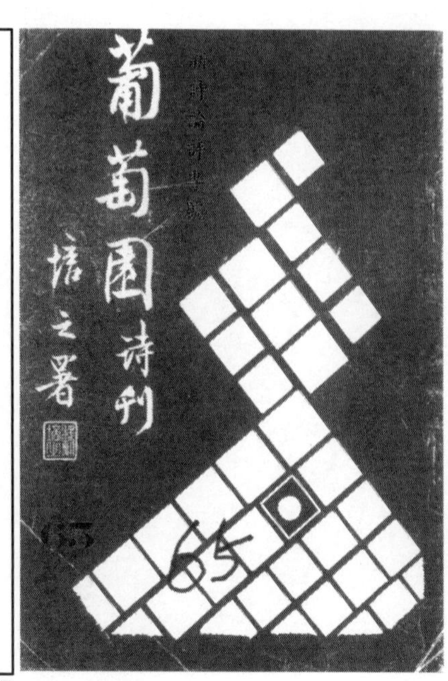

葡萄園
69
詩刊 69
新詩教育專號(上)

索忍尼辛畫像

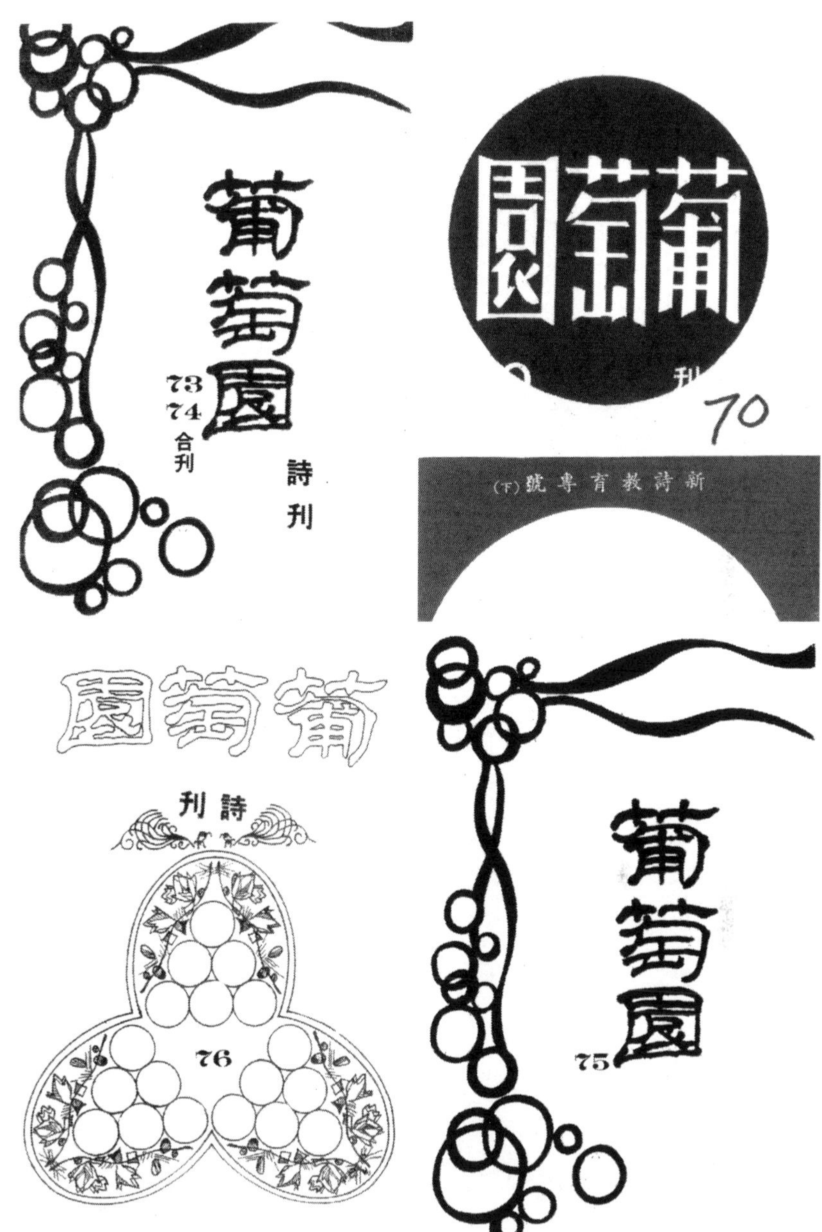
葡萄園
73
74
合刊
詩刊
葡萄園
刊
70
新詩教育專號(下)
葡萄園
詩刊
76
葡萄園
75

87 詩刊 葡萄園

82 詩刊 葡萄園

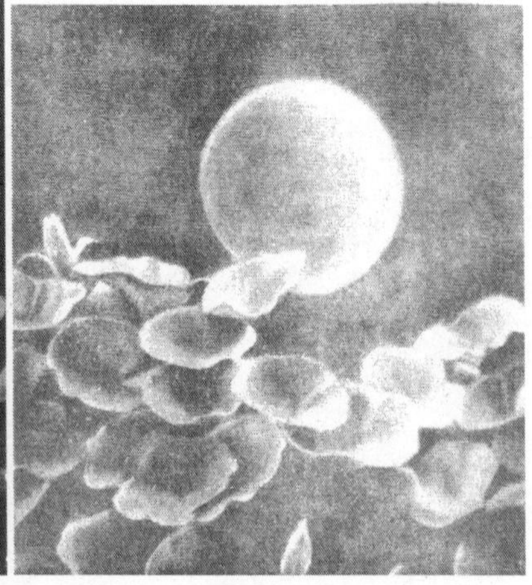

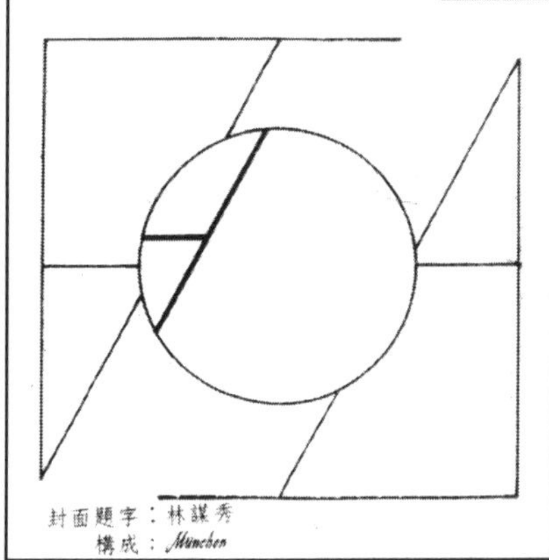

88 詩
89 刊 葡萄園

葡萄園

采采流水蓬蓬遠
春窈窕深谷時見
美人碧桃滿樹風
日水濱柳陰路曲
流鶯比鄰乘之愈
往識之愈真如將
不盡與古爲新。
表聖詩品第三

99 詩學季刊

讀曾美玲《終於找到回家的心》詩集閒話筆記

△二〇二一·二·十九：找到回家的心很難

聚餐結束，半路車上我翻閱曾美玲這本詩集，我好奇於書名《終於找到回家的心》，她怎麼找到的？何時才找到？對現代社會的人，我認為是一生困惑的工程。回到家裡我立刻提筆寫下這樣的感覺！

終於找到回家的
心，大雨過後
街道流成一條
清明的河流

帶走千萬噸虛無的慾望

——「雨中靜思」第二段

這本詩集共六輯八十多首詩，開宗明義就看到詩人找到回家的心，我是存疑的，或許找到的只是「暫時的家」。怎說呢？例如小學生找到回家的路很容易，但到青少年開始不知家在何處！可能到中年或臨終一刻，還是找不到家！不知要往何處去！這種人生的困惑發生在很多人身上。退休回家是有找到家的感覺，但過些時日可能又有困惑，最後的家在那裡？是上帝的身邊吧！

但一場大雨，確實使詩人有不一樣的感受，「街道流成一條／清明的河流／帶走千萬噸虛無的慾望」，通常大雨過後街道流成一條「拉圾流」，這些是人們「虛無的慾望」，把這些都流走了，內心才會清明靈淨，這時感覺上容易找到家。（二月十九日晚上）

△二月廿二日星期三：為什麼繼續寫詩？

根據可靠的資料統計，全中國（含港澳台）有五百萬「詩人」，這個數目等於「國軍」加上「解放軍」之和乘二還多，可喜可賀，故曰中國乃詩之大國。所以，不僅曾美

玲、台客、洛夫、張默……葡萄詩人、秋水詩人……都繼續寫詩

在這個詩人被遺忘的年代
有時候，我會懷疑
為什麼繼續寫詩？
……
在這個理想被漠視的年代
有時候，我會懷疑
為什麼堅持信念

——「爲什麼繼續寫詩」片段

記得二月十九日葡萄園詩刊同仁在國軍英雄館的聚餐，大家討論到經費、募款的事，有各種看法，或說景氣不好等。但我以及肯定的語氣說，「錢，從來都不是問題，錢從來也沒有問題，都是人的問題，從古到今從來景氣沒有多好，大多不好，把人經營好了，要錢有錢，要人有人，和景氣無關。」我一再詮釋後，大家似乎理解我在說甚麼！

「詩人被遺忘」和「理想被漠視」的「曾美玲詩觀」，我的看法和前面的邏輯一樣，古今中外，在人類社會中普遍而言，理想都是被漠視的，只重現實，若君不信，去回顧一下歷史，漢唐、三國、五代、宋元明清……何時理想未被漠視?而「詩人被遺忘」也不止現代，每個朝代都是。就算大唐詩人之多，也只是極少數人或皇室「玩票」的活動，對廣大的人民群眾和整個大社會，誰管你詩人存不存在?

每個朝代、每個時代社會必然有一批繼續寫詩的人，因緣際會，曾美玲、台客、林靜助、杜紫楓、李再儀、賴益成、金筑和我等正好碰在一起，成爲「同一掛」的人。我們討論著「爲什麼繼續寫詩?」曾美玲說：

挺直細瘦腰桿
迎向現實風雨
彷彿高聲地宣告
存在的價值

——「爲什麼繼續寫詩」片段

人與人之間要有共同（或很相近）的感覺，才會有共鳴，其他生物亦然。曾美玲用詩宣告她的存在及其價值，我（及台客、葡刊、秋水、創世記等詩人），不也是嗎？我們這群人若不用詩宣告自己的存在和價值，我們便不存在！因為沒有幾億豪宅可以宣告自己的存在；若是有，定然不會用詩宣告自己的存在，也絕然早已停筆，不會繼續寫詩了！

對於「為什麼繼續寫詩？」我用我的語言解釋，只有兩個原因，其一是以進化論為基礎的「出口」說，如電影「侏儸紀公園」最後那句道白：「一切生物最終都會自己找到出口」；人是孤獨寂寞的物種，越是說「朋友滿天下」的人越寂寞，最後都是一個人上路，千山獨行，故有生之年人人要有「出口」，而我們因緣在詩，詩是我們的最佳出口。原因之二是經濟學的「需要」說，我們對詩有需要（如同肚子餓要食物），一者精神需要，一者物質需要。以上兩說，出口說或需要說，都是人們宣告「存在的價值」。

△三月三日星期六：「如果」是我的夢境我的熱情

這本詩集的第六輯「驚嘆號的 Party」，是很平常的一首詩，可以感受到詩人是怎樣當老師的，老師和學生間的互動，可謂「一百分創意，二百分用心」，但我也看到詩人的熱情；這首詩的後記，詩人提到一百年的夏天，自教職退休，一個退休的人（至少已過了半百），還有熱情嗎？我說只要曾美玲繼續寫詩，活到九十一百照樣有熱情。讀第一輯「如果」這首詩：

如果你問我
年少時偷偷懷抱
筆星光燦爛的
夢，是否依舊燃燒？

如果希望的小鳥
自棲息的靈魂深處
飛走，再也聽不見
紅色的歌聲

如果夢想完全熄滅

中午以後，不再流著
熱淚，寫感動的詩

——「如果」前三段

詩人連續提出三個「如果」，這是三個假設（尚待驗證，可爲真、爲假、爲是、爲非），習稱「假設性命題」。從詩人的觀點，這是「很可怕的假設」，因爲一旦爲是爲真，則星光不在燦爛，夢也破滅了，小鳥不再歌唱，夢想全熄火，人不再感動。走到這一步，人生大概只剩下跳樓、跳海或燒炭自殺三選一了！

「如果」一詩的高明處，在於詩人並未進行過程驗證，而是直接對假設進行推論，推出那些如果爲是爲真的未來結果：

我將一無所有地
存在，扛著遺憾的嘆息
冷冷走向
深秋的黃昏

——「如果」末段

曾美玲以一首詩進行著負向推論，如果、如果，結果將是……詩人不會讓自己走到那樣的結果，詩人始終對人生懷抱著理想，充滿著熱情。若理想和熱情都熄火了，生命會貧乏的只剩下「現實」，那時可以宣告：詩人可以打烊了！

爲不給台客老編出難題，這篇讀曾詩的筆記到此暫告一段落，其他欲知如何！且聽下回分解。（刊於葡萄園詩刊第一九五期，二〇一二年八月十五日）

續讀曾美玲《終於找到回家的心》詩集閒話筆記

△二〇一二．三．十一：是天譴還是無常？？

上集讀曾美玲的詩，我提到「找到回家的心」最難，在蕭蕭的序「我不在家」似有相同的看法，家，除了是親人共同生活的地方，還可能有別的含義嗎？譬如說，一個流派，或者一個修行的所在……人生要找到真正的家、永久的家、最後的家，真的很形上學的。說不盡，乃至不可說！不可說！

今天是三月十一日，日本「三一一大災難」一週年。曾美玲這本詩集第三輯也有一首組詩紀錄大浩劫，「新聞剪影：二〇一一年三月十一日日本東北大地震記事」，詩有五組，讀其（三）組：

挨餓受凍多日
沾滿污泥的黃狗
仍使出渾身力氣
引領救難人員
搶先拯救重傷的白狗
且不時伸出前肢，撫摸著
倒地的同伴，彷彿在說
「別怕，有我在」

各種電視節目中我常看的，只有Discovery，因我喜歡那種發自本性的自然和感動，那種沒有政治操弄的「本來面目」活動，詩中的日本狗真是叫人感動（相信其他狗類也是）。但日本人這個民族，我始終認爲他們是一群「永遠找不到家」的族群，因爲他們幾百年來都被「政治洗腦」。再者，武士民族有天生的侵略性。相信大家還記得，二〇一一年三月十一日大浩劫發生後不久，東京都知事石原慎太郎說「大災難是天譴」，是天在譴責日本人只顧自己，不顧別人死活的罪行。爲詮釋「天譴說」來源，筆者於二〇一一年六月快速出版《大浩劫後：日本東京都知事石原慎太郎「天譴說」溯源探解》一書（文史哲出版社）。今略說之。

對歷史有一點常識的人都知道，吞滅中國（含台灣、朝鮮），是日本明治維新後的基本國策，但極極少人知道源頭。原來日本在織田信長和豐臣秀吉時代，提出統一「中日朝」的大戰略構想，稱吞滅中國，統一亞洲，成爲一個「大日本國」是日本人的「天命」。此後數百年，日本的政治、教育、社會各界都以完成天命對人民洗腦，人民也就視爲當然，幾百年來爲入侵中國有過三次大規模戰爭，第一次明萬曆年間的朝鮮七年戰爭，第二次甲午戰爭，第三次的民國八年抗戰，無數的大屠殺，死人無數……

日本的領導菁英如何給人民洗腦？「最好吃的蘋果、最肥美的土地……在中國，那裡是各位小朋友以後的新家……」從幼稚園就開始洗腦，日本人至今尚未找到家，因爲尚未吞滅中國。石原「天譴說」，指日本發動太多戰爭，受到天譴。但其實，二戰以來日本早已在準備發動第四次入侵中國之戰，最可能發動的時間大約在二〇二五年前後。

△三·十二：「告別麥可傑克森」，為麥可平反冤案

「告別麥可傑克森」是曾美玲這本詩集的一首詩，三段二十八行。對於喜愛西洋歌

的我自然是要賞讀的，感嘆於天才爲何總是走的太早了，麥可、鄧麗君、鳳飛飛，以及我們的國父孫中山先生……

一整天，電視新聞
反覆播放著
你驟然離世的消息
流著淚的粉絲
不忍責怪你
永遠的缺席
在期待多年
七月的演唱會上
或許，你終於擺脫
童年夢魘生命陰影

飛越小小地球巨大的

憂愁和寂寞
像童話裡的潘彼得
回到真正夢幻莊園
跳著永不衰老
月球漫步

——「告別麥可傑克森」前兩段——

詩人用了極大的對比反差形容麥可心中的黑影，一生揮不去的憂愁和寂寞，竟比地球還巨大，很高明，足以和「白髮三千丈」驚句相比，「飛越小小地球巨大的／憂愁和寂寞」，這樣的夸飾幾可「轟動詩林、驚動萬家」。但我除了讀詩，也還要爲麥可平反他的冤案。

相信大家還記得這位流行音樂天王，在一九九三年時曾涉及一件「男童猥褻案」醜聞，那位男童叫喬迪・錢德勒（Jordy Chandler）。麥可化大錢打官司要證明自己的清白，無奈當時全美國的新聞一面倒認爲邁可猥褻該男童，結果麥克只好以鉅款和解，但演藝事業和精神大受打擊，心中的苦真的如曾美玲的詩說比地球大。二〇〇九年六月二十五日鬱卒而死，得年才五十歲。

就再邁可死後第三天，當年自稱受害的男童喬迪（已二十八歲），出面向麥可道歉，坦言當年說了謊，「是父親逼迫才做的。全美國新聞掀動「九級地震」……

媒體「國際線上」這樣報導喬迪對新聞界的自白，一九九三年時才十二歲的喬迪．錢德勒控告麥克猥褻他，但因說謊害了麥可，良心一直不安，現在已是成年，決定說出實情，減少心中的不安，也向麥可道歉。

喬迪說：「我從來未想過要透過撒謊來毀壞麥可的名聲，但爸爸說服我，撒謊的話不會有甚麼損失，我還可以得到所有的一切。」但當麥可在二十五日死後，喬迪就很內疚，決定要說出這段騙過全美法官和媒體的謊言，盼望麥可在天有靈能原諒他。

喬迪又回憶說：「一九九三年八月，我向精神科醫師說，麥可和我發生了性關係。父親便大張旗鼓提告，警方對麥可的夢幻莊園進行大規模搜查。最後雙方庭外和解，麥可總共支付二千三百三十萬美金的和解金。」

怪怪，一個說謊，就能「獲利」近七億台幣，好可怕的世界（註：這是真實的事，可見當年國內外所有報導資料）。麥可是清白，讀曾美玲的詩，在配合這段真實的事件故事，你定有不同的感慨。再把曾詩這首「告別麥可傑克森」第三段讀完：

而仍留在現實人間
和災難戰爭疾病勞苦對抗
千千萬萬的歌迷，也只能偶而
回到八〇年代
從你溫柔戰慄的歌聲
危險瘋狂的舞步
Black or White 超越種族
性別階級歧視的
平等願望
流著幸福的淚水
天真的齊聲合唱
「Heal the World」

麥可才走不久，相信我們這一代人對他仍有深刻的記憶，他生前曾對種族平等盡過極大心力，做過很多努力。「Heal the World」、「Black or White」這些歌因他而紅，也宣揚著平等的理念，對這個世界，對人類社會，麥可貢獻至大。我們除了讀詩人的詩、賞詩人的才，之外，是否也思索一些其他的。

△三‧十四：曾美玲的「相對論」說

曾美玲的相對論小詩體，延續《囚禁的陽光》、《午後淡水紅樓小坐》系列而來，自成一個風格與系統，常有引人深思之作。也有當頭一棒的驚悚精品，本文賞讀幾首同類小詩，「搖籃與墳墓」：

扛起一大袋朝陽的祝福
從搖籃走來
背著滿籮筐夕陽的回憶
向墳墓歸去

這首我敢說是曾美玲相對論式詩體最好、最驚人之作，人生精簡成起點和終點，中間連白駒過隙的「隙」都不到，可見人生之短暫，詩人要表達的就是人生過程極爲短暫，表面看這首詩人生只剩生死，沒有「過程」。不然！詩人把過程巧妙的藏在起點和終點，開始的「扛起」和終點的「背著」，已經說了人生要「扛起」很多事，如家庭、社會、國家的責任，對忠奸信念及分野堅持等；最後快要「蓋棺論定」前，仍要「背著」這些，是很沉重的。

遲遲送走糾纏愛恨的前世
含淚降生
匆匆留下交織悲歡的今生
微笑告別

—「花」—

說的是花，實際上還是人生，時間上比「搖籃與墳墓」更長，連結了前世、今生到來世（前世）的輪迴，和佛教人生論同；惟花的一生和人的一生一樣，都是從降生到告別。感覺上花「生」匆匆留下交織悲歡就走了，也是花生如白駒過隙，「微笑告別」，花比人灑脫。

告別短暫盛宴
人生似一場虛幻的夢境
奔向永恆歸宿
死亡是一趟真實的旅程

——「虛幻與真實」——

這首詩的佈局也很「絕」，夢境已是虛，而把人生比成虛幻的夢境，那就更虛了，整個人生都是虛無的，最後的死亡反而才是真實的旅程。很弔詭，詩人要表達甚麼？有很多可能，啓示一個人要如何去經營他的人生。幸好，一開始，告別短暫「盛宴」，至少說明人生曾經走過一場盛宴，沒有完全虛幻的。

每個詩人寫出的每件作品，都是對自己所處身的時代、社會、環境，及所有所見所思的一種探索，一種詮釋。只是「詩的詮釋」和「散文的詮釋」大大不同，例如曾美玲的前一本詩集《午後淡水紅樓小坐》，我常想她小坐紅樓想些甚麼？若是散文難有這麼持久的吸引力！

這本詩集的其他各輯，「當炸彈像大雨灑落」、「種樹」等，很多耐讀、耐久的詩，那是「曾美玲式的詩情人生」，永遠不斷地探索、追求，尋找回家的路；每個人，尤其是詩人，「回家的路就是尋找天堂的路，年復一年，藉著創作一首又一首的詩，我發現存在的價值，也終於找到心靈永恆的歸宿。」（引曾美玲在詩集「後記」語）

寫詩的朋友，你找到回家的路嗎？發現自己存在的價值嗎？詩，是回家最近的路。

讀子青《詩想起》劄記

詩友子青（本名張貴松）也是葡萄園詩刊同仁，寄來他的新詩集《詩想起》（文史哲出版・二〇一一年六月），是他近三年詩作，寫的是這三年快意充實的生活，詩是從生活中再提煉出來的一種意境。

略讀《詩想起》全書一百四十多首詩，絕大多數是短詩，真好！正合我近幾年來對詩的喜好，越短越好。子青的詩作，整體而言，表現一個學中國文學的專業水準（他是成大中文碩士），對中文方塊字、詞、句的掌握和運用，已到了自在的境界：

梔子花叫醒了冬天／行走的人們不知雪寒／躲在書包的早點顫抖／只好藏於字裡行間吟哦

〈看學生上學有感〉第一段

我邂逅了自己的詩句／總是再醒與不醒之間相遇／無風的時候　一片荒蕪／風來

了　竟是滿地的情緒

〈我詩故我在〉一段前四句

是誰謀殺了你的快樂／教育專家的創意是那一條索／捆你上台在拖你下台／老師
不知不覺成了劊子手

〈誰謀殺了快樂〉二段前四行

這是一種文字運用的功力和才華，他又破除了世間你我他差別對立，才有「我邂逅了自己的詩句」、「捆你上台再拖你下台」之妙句。但子青除才華天俱，也還是一個積極上進又努力經營的詩人，看他近三年來這些作品的發表園地，青年日報、掌門詩學、葡萄園詩刊、秋水詩刊、海鷗詩刊、新詩大觀、中國微型詩萃、文學人（革新版）、紫丁香詩刊、新文壇季刊、詠絮、第三十屆世界詩人大會二〇一〇年世界詩選等，他佔領十二座詩的舞台，以詩頌歌人生的五味七色。

可見子青勤於耕耘詩田，也因此才能在短短時間內，收穫如此豐盛。

我個人對「政治」比較主動且有興趣，《詩想起》中唯一一首很政治的〈選前夜〉：「民主政治一夕成了漂流木／載浮載沉看似自由的行者」，這我可以大作文章，台灣所行不是民主政治，差遠了……

子青來信中說只寫八百字，就此收操。

二〇一一年七月三日台北萬盛草堂

葡萄園詩刊第191期，二〇一一年秋季號

我是一片雲

——賞讀吳淑麗《知音》詩選集

手捧著這本「知音——吳淑麗詩選集」，如信手捻來一枝花，或捏著一片雲，而以後者較接近。那是一種「輕薄短小」的感覺

「輕」，詩集中的每一首詩幾全是極短句，每行五字以下最多，七八字次之，十字以上最少。於是，一首詩放在一頁上的佈局，留下「天」廣而「地」寬的空間，那詩便輕輕的漂在半空中，你可以輕輕的讀。

「薄」，能漂浮於半空中，要輕且薄，賞讀多數詩作，在氣氛的醞釀上，用的不是濃情，味薄而淡雅。很耐讀，可一讀再讀，放於牀頭三讀四讀。

「短」，詩集全書一七九頁，五十首詩配五十多幅淡雅的攝影照，每首都是十餘行（或以內），每行都是「極短句」。

「小」，輕、薄、短，必然也小。這種規格的詩，近幾年來很流行，連我也喜歡，可能源自幾年前詩壇流行的一句話，「詩愈寫愈長，是讀者的災難。」；亦有人言「詩要如女人的迷你裙，愈短愈好。」再者，我認爲賞詩如賞花、賞美女，太「大」或「巨大」都失美感。

所以，吳淑麗這本詩集，從封面到內文都合乎「極簡主義風格」，輕薄短小是美，簡單是美，極簡最美。

五十首詩像是五十片雲飄在半空中，當然每一片雲都不一樣。但至少，絕大多數的雲給人的感覺，是「性情淑媛、形像麗姿」的，另外也有傷心的雲，我隨性即興捕捉三種雲解讀賞析，就教作者、讀者諸君。

淡淡典雅的浮雲、聆聽你的深情心事

詩人最善於運用文字，活化成詩語言，詠嘆人生苦樂，揮灑生活，不論如意或不如意，詩人必能以筆爲旌麾，指揮文字，構結成感人詩章。

在台灣，我似未曾聽聞有誰「一輩子都春風得意」，或許全世界皆如是，上至將相領導，下至販夫百姓，所見都是一臉無奈相！確實這就是所謂的生活吧！很現實的。所以，佛法常說「人生的本質就是苦」，苦啊！人生。但人類這「物種」偏偏愛作夢（據動物學家研究，所有生物中，會做夢的，只有人類。）愛追求理想，有很多願景，可惜「想要」的很多，「得到」如願者很少。吳淑麗這本詩集的第一首詩「願」，寫這種理想和現實的落差，真是傳神奇妙極了：

但願我是
奔騰的河流
馱負藍天
擁覽春花秋草
豪壯的
笑

而我卻是
怯怯的湖泊
歲歲年年

反芻
四季積累的
淚

吳淑麗這首「願」先發表在「葡萄園」詩刊，第一五四期，詩人善用短句與經營對比之美。在句型結構上，「知音」詩集每一首，大體如「願」般的薄如浮雲，飄在半空中，留下「天」廣「地」寬的視覺效果。

第一段的境界應是人人想要的，那是一個理想狀態。第二段「怯怯的湖泊」是人生的現實，或詩人的實況，這兩段之間除了對比，語境跳躍也很快，讓人感受到人生的無常。第三段「反芻／四季積累的／淚」，三行八字是人生的「果」，反應人生的悲苦，而「淚」和第一段的「笑」產生了更強烈的對比，事實上人生不是笑就是淚。

從詩集第一首詩已能窺見她揮灑文字的功力，但若他對生命、生活沒有很深刻的體驗，也難有如「願」這樣的好作品。其他詩作讀起來有相同的感受，如：

時間是老天給的財富／依據前世因果／酌量發放　——「惜時」首段

二○○四年春天／兩顆子彈爆裂色彩迷彈／福爾摩沙的三月／僅容藍、綠兩種顏色／島上的鴿子／紛紛墜海　——「無題」第二段

從來不是浪漫的人／深情／是最強烈的咒語／千年萬年／幾度輪迴／依舊記取彼此的存在　——「知音」第四段。

她的每一首詩都像一片典雅的淡雲，沒有激烈和衝動的情緒（他的 EQ 管理應該是不錯的）。即使面對二○○四年「319 槍擊案」這種小偷造假的行爲，完全無異於篡國竊位的大逆無道之台灣悲劇醜行，詩人仍以和平方式，以象徵和平的鴿子墜海之意像展示，足以說明一切。

香香鄉情的彩雲、粧點地方傳說產業

吳淑麗這本「知音」詩集，有兩首書寫蘆洲鄉情很吸引我。原因是我自民國八十五

年開始任教空大（校本部在蘆洲），至今我進出蘆洲大概不止千百回了。我對盧洲有感情、有感覺，其第一首「蘆洲情」，照抄如下：

觀音山下／淡水河畔／蘆荻泛月佳景／撩動懷古幽思／／李氏古宅／難捨世代風華／封藏歲月疊影／匿隱／市聲之外

鬧市中／湧蓮寺諸神／莊嚴護衛／善男信女冀求的心中淨土／／鄧麗君故居／容顏已改／甜蜜的歌聲依舊／溫慰鄉親晨昏

龍鳳堂的極品糕點／香傳千里／釋放誘人訊息／邀您細細品味／豐盈的，鷺洲小城

這是一首五段二十二行的詩，結構上維持她一貫「輕薄短小」的風格，每行字都最精省，一行長句也只有十一個字。全詩寫的是蘆洲地方特有景點和傳統產業，蘆洲人一目了然，台北人也不會太陌生。詩人有註說明創作此詩之原委，二〇〇三年應蘆洲龍鳳堂老餅舖之邀所作，當時沒有寫鄧麗君那段，應用在包裝提袋上。後來詩人又受邀爲新產品「小鄧餅」寫一首詩，用於包裝貼紙上，再補上第四段。這首詩的最大功勞，是使地方「傳統產業」，提昇爲「文化創意產業」，使小小的一塊餅乾有了文化意義，更富詩意，「價值」便超越了「價格」很多。那首「小鄧餅」如次：

鄧麗君的故鄉
蘆洲
因她而更美麗
永遠的歌聲
留住此地
小城的鄉親
把懷念攏在餅裡
淡淡幽情
甜蜜蜜

二〇〇五年五月，吳淑麗在應龍鳳堂之邀，爲餅舖這項傳統產業以詩「加持」，寫了幾首由業者挑選，挑中的便是這首「小鄧餅」。九行小詩透出龍鳳餅舖淡淡的幽香，餅香連結了鄉情，昇華傳統產業，也彰顯蘆洲的地方特色。蘆洲的繁榮，龍鳳堂生意興隆，吳淑麗於有功焉！

濃濃親情的烏雲、身為兒女最後使命

人人都是父母所生，都是父母的兒女，身爲「兒女」的人，一生最後使命是爲父母「養老送終」。在中國社會，乃至海外華人社會，至今對於奉行這種「孝道」者，仍有極高共識。極少數不孝子女，那是少有的例外。

偏偏這個人人都會碰到的「天職」，來到的時候，總叫人傷痛不捨，濃濃的親情化成一朵朵厚厚的烏雲，每日罩在心頭，叫身爲兒女的苦不堪言，那是一種感同身受的苦。「傷心端午」，詩人的父親走了，讀其前三段：

陰曆五月／天空的眼淚／未曾止歇／又一個傷心端午／／解脫病苦／您／走／了
／／不捨／化為一聲聲佛號／南無阿彌陀佛／南無阿彌陀佛

「傷心端午」全詩七段三十四行，第一段詩人用「天空的眼淚／未曾止歇」象徵家人的傷痛，大概那日也正好雨天，如天地同悲。而第二段共七個字分四行，詩人把短詩短句經營的更神奇，「您／走／了」，正意味父親受病痛折磨很久，走得慢，如詩人在詩後記說，所有的人（包括爸爸自己）都快崩潰了……最後在睡夢中走了……

這首詩讀起來「傳染力」十足，作者傷痛，讀者同悲。我若再讀幾回，恐怕要和作者哭成一團，心中的烏雲更濃厚了！因爲我爸爸也走了！

詩人一定對人生有過刻骨銘心的體驗，經歷過不少起落，故能視繁華如浮雲，塵事亦較能放下放開。或因如是，不少詩作如秋天之蕭索清寂，如「秋日心情」，也是另一種感傷：

有一些話／遺落在深秋的河底／我讓殘陽相伴／俯看一段無言歲月／回顧昔日繁華的溫柔
山風演繹一幕幕出走的心情／花事已了／芒原淒淒／不聽不言不寫／冷眼笑看世事／紛雜　紛雜／寒冬近了／秋的顏色秋的氣味／儘是蒼涼

吳淑麗的詩在形式結構上「輕薄短小」，實質內涵上則「重厚長久」，重厚有質感，餘味長久。難怪懷鷹（原名李承璋，福建南安人，新加坡作家）解吳淑麗「轉折」一詩，最後說「你會有靈性上的共通」。另有一位趙樹中（四川成都市郫縣人、熱愛文學和書法），解吳淑麗「酒鬼」一詩，以「不著一字盡得風流」形容。（均見「知音──吳淑麗詩選集」，卷三附錄。）。

生活本是現實乏味的，人生也是苦多樂少，但會生活的人可以多采有味，可以樂多苦少，多豐富快樂的生活，若無詩，想必缺少一份感動，人生的境界提不起來。

有了詩就不一樣了，生活可以更感動，人生有不同的境界。如詩人言「寫作對我而言，就是以自己喜歡的文字，記錄生活裡的感動！」她的詩，不論淡雅的雲、香彩的雲或濃厚烏雲，都情真意切，在當代詩壇這小世界中，她，是個「有特色的女詩人」；她的詩說「我是一片雲」。

小記：吳淑麗，另有詩集「紫茉莉」，曾獲全國優秀青年詩人獎。「知音──吳淑麗詩選集」（台北：秀威出版，二〇一〇年十月）。

秋水爲神玉爲骨

——讀陳欣心的兩本詩集有感

每一個寫詩的人，能夠堅持不斷的寫下去，必有其最基本的動機或信念。秋水詩社女詩人陳欣心在她的詩集扉頁，首先揭示**「一顆心可以創造永恆／一支筆可以寫出不朽／在寫作中／我追求永恆／覓尋不朽／生生世世／永不歇止」**，這是多麼壯闊的信念。

有理想性的中國傳統知識份子，自古以來追求「立德、立言、立功」三不朽，無數的聖賢豪傑文人雅士，以他們的豐功偉業或經典作品傳於百代，確實創造了不朽的生命。女詩人陳欣心所追求的不朽，較之歷代賢能的三不朽當然是有距離的。惟這小女子有此壯闊的氣魄，確實讓人敬服，就算這輩子達不到三不朽，但這種人生過程也是珍貴的、值得的。

我試著以詩人的兩本詩集爲「通路」，走進她的心靈世界，賞讀她不朽的詩歌。

《詩情芬芳》是明朗可愛的心靈小品

陳欣心的第二本新詩集《詩情芬芳》（秋水詩刊社，民國八十四年十二月），有親情縈懷、旅情屐痕等六輯，詩七十首，大多是心靈小品，沒有長詩。恰如當代文壇大師前輩作家墨人，在序中說的，她有自知之明，所以她尋尋覓覓，終於找到了她自己該走的創作道路。秋水詩社掌門人涂靜始在序中以「恬靜自在，尋覓不朽」，定位這本詩集的風格，稱「欣心的詩，樸實無華、明朗可愛，一如她的爲人。」試讀幾帖可愛的片斷：

當百花以燦麗的容姿／爭相在春天競妍／獨你以照火般的的紅豔／燃燒起盛夏的熱情

——鳳凰花——

生命精華的季節／年年徘徊／歲歲展顏／守著這閃亮的一季／便是亮麗的一生

——杜鵑花——

別離之後／盈滿的相思／萬縷的情意／恆成愛的小花／盤踞在整個心底

——滿天星——

《詩情芬芳》的有情世界寫了幾種花草植物，詩人是這麼可愛，明明是自己多情，而讓花草說多情。鳳凰花不想在春天與眾佳麗爭奇鬥艷（可能拿不到第一名），選在盛夏燃起烈火般的紅豔，鐵定是獨一無二，奪下「環球小姐」的后冠。杜鵑花生命短暫，但「守著這閃亮的一季／便是亮麗的一生」，生命一樣完成自我實現，同樣是創造了不朽。而滿天星是多情的，朵朵小花像情人的眼睛，萬縷情意藏在心底，事實上是詩人心海藏著誰的相思？「詩情芬芳」這本詩集，處處是多情明朗可愛的心靈小品，再讀「慕情」和「盼」的片段：

如果相思是株岸邊柳／願那柔柔的髮絲／牽絆住你的手／縱使青春不再／年華消逝／這番牽牽掛掛／永生不滅的情意／終究無怨無悔／至死不渝

——慕情——

思念如春草／漸行漸遠依然生生不息／綿綿密密的情懷／牽牽纏纏的相思／緊繫著／故鄉倚閭人

——盼——

陳欣心的詩雖明朗可愛型，但詩意濃密，如「慕情」以垂柳喻女子秀髮，能把情人牽絆住，但真正的心中話是告訴情人「我的相思如垂柳之濃密，且無怨無悔，至死不渝。」另一首「盼」以春草喻相思，蓋因春草長的快又綿密，最能用以表達思念。她這本詩集頗多有深意又可愛的詩作，那首「悵」：「回家的路上／春風吹亂了／我心頭事」，明朗的幾筆，能勾思一幅淡淡的愁。

另一首「信」，寫成「一隻鳥／飛來飛去」，用的雖是「現成意象」，卻是可愛俏皮。意者可獨「詩情芬芳」，走入她的心靈世界，讀她以詩構築的夢。

《陳欣心短詩選》乃「中外現代詩名家集萃」之精華

陳欣心的第三本新詩集，即「陳欣心短詩集」（香港：銀河出版社，二〇〇三年六月），是一本中英對照（英譯者：傅軍）的小小詩集，全書僅廿四首詩，其中有九首（寄情、寧靜之旅、燭、悵、美景、歸、旭日、落花、杜鵑花），在第二本詩集已展示，故這本小小選集新作得十五首。

雖是一本小小詩集，卻大有來頭。原來這小冊子是國際詩人筆會和世界詩人大會在中國舉辦時，爲讓世界詩壇與中國詩壇相互加深了解，香港銀河出版社推出系列作品之一，作爲獻給國際詩人筆會和世界詩人大會以及中外詩人們的厚禮。所以，小小一冊「陳欣心短詩選」，實在是女詩人半生詩創作選出的精華。十五首新作，首先讀以植物爲名，有四首詩的片段：

在溫馨的歲月裡／點綴佳節／點綴歡樂／點綴蕭瑟的大地／點綴紛擾的人間

——聖誕紅——

總是堅持／在百花凋零／在群樹葉落／兀字吐露著清芬／綻放嬌豔的歡顏

——梅——

撐起大圓裙／亭亭立於碧波間／綻開了笑顏／粉紅雪白相輝映／散發幽香的氣息／迎風展芬芳

——蓮——

一夜的怒放／是我璀璨的一生／在柔和的月光下／總是神采奕奕／綻放豐美的容顏

——曇花的心事——

還記得前輩作家墨人大師在「詩情芬芳」詩集贊美陳欣心，說她有自知之明，找到自己該走的創作道路，有的人搖搖擺擺一輩子，還不清楚自己姓什麼？

墨人之意很「嚴重」的，若人真是一輩子搖搖擺擺，還不清楚自己姓什麼？這是很嚴重的迷失自己、很嚴重的悲哀，通常是 IQ、EQ 或智慧出了大問題使然。墨人另一面的真意，在讚美陳欣心詩作風格，合乎自己特質的創作道路，這是對詩人很高的評價。我提這些幹啥？這些與上述聖誕紅、梅、蓮、曇花有何關係？我們仔細讀這四首詩，發現它們都知道自己姓什麼？它們都展示自己純真至美的本性。聖誕紅「點綴紛擾的人間」，梅堅持「在百花凋零／在群樹葉落／兀自吐露著清芬」，蓮「亭亭立於碧波間／綻開了笑顏」，曇花「一夜的怒放／是我璀璨的一生」。

看啊！好美、好安慰，它們都知道自己姓什麼？不人云亦云，不盲目從眾，找到自己最適宜的道路，展示自己的真善美便是自我實現，實即詩人自己的自我實現。

小詩集另十一首寫的都是人生之感懷、生活之感動，每一首詩都是一幅美麗動人的世界。最有深意是「歸人」，「請點一盞燈／照亮返家的小徑……請泡一壺茶」，像媽媽等著夜歸的兒女，像你等一個知己。

最具致命吸引力的美感是「化粧」：

彎彎的弧線／輕輕的描繪／重重的塗抹……粉撲輕拍面頰／畫龍點睛勻和／溫柔浪漫的情懷／歡愉喜悅的神采／在你我之間／瀰漫

這是一幅多麼美的仕女化妝圖，也是向沈三白「浮生六記」那位女主角浴後粧扮的神采，給人很多想像的吸引力。而最多情的女人是「詩情語絲(六)」，「我用時間爲針／思念爲線／編織相思的網／網住你飄泊的心」。啊！那位男人碰到這麼多情的女人，就跑不掉啦！

讀欣心這兩本詩集，才覺得她的明朗、可愛和多情，墨人讚其「心靈小品」，說她是一位謙虛實在的新詩人。涂靜怡大姐以「恬靜自在、尋覓不朽」名之。此外，其詩「清如秋水」，解其內情則「秋水爲神玉爲骨」，不信，讀她。（原以筆名司馬千發表）。

葡萄園詩刊183期二〇〇九年秋季號

偶然又見「掌門」

──因緣漫讀三個掌門詩人：鍾順文、謝佳樺和子青

今（二〇〇八）年十一月八、九兩天，到台南溪南春休閒渡假漁村（在七股），參加「台灣南北藝文動態文化趨向探討座談會」，目的是提高南北文藝界的溝通交流與相互了解。席間偶遇甫畢同遊江西三清山歸來的高雄詩人鍾順文先生，蒙鍾兄惠贈兩本剛出爐的詩集，一本是他所著「愛的進行式」，一本是他夫人也是詩人謝佳樺著「時間迴帶108首詩」。

兩本詩集未及多看便收入皮包，回台北後忙於上課又把他們冷落在書房中。又隔數日，台南師友子青（張貴松）寄來他的新詩集「寂寞的魚」，又冷落在書桌上，共三本詩集蝟聚一起取暖，孤寂的眼神期待有情人的垂愛。

約半個月後，我稍寬閒，某日如廁，順手「牽」起三本詩集置於馬桶邊小桌，打算

慢慢翻閱。翻著翻著，正恩恩時，我嚇然發現三本詩集同一「規格」，真巧！再詳看內頁基本資料，原來三者都是「掌門詩人」。

看見「掌門」，立即啓動早已歸檔在腦海底層屬「侏儸紀時代」的檔案。我慢慢憶起掌門，像是突然獲取失散廿五年有關兄弟姊妹的訊息。

屈指一算，廿五年前，民國七十二、三年間，我應算是正當青春吧！那時部隊駐防外島（金門或馬祖）。我在偶然機緣中讀到「掌門詩刊」，一時手癢也把作品寄給掌門編輯，蒙老編垂愛登用。以下這首「歸」收在我的詩集「尋找一座山」（慧明，民91）

我從前方來／凱旋而歸／／在暮色時分裡／投向妳／這兒沒有槍林彈雨／天空沒有砲火飛機

妳的嫵媚如迷魂煙幕／你的豐盈是一座座難攻的山頭／我武裝自己，迎向挑戰／就再今夜／長短兩針展開追逐戰／直到二十四點／敵人始被制壓

檢討戰局／雖不致在山巒處迷途／卻險在急流殘月裡敗退／原來這裡是一個不以火力兵力論勝負的／戰場

「掌門特刊」十八期，民國七十三年六月

我印象中，在「歸」之前仍有作品在「掌門」發表，之後就無厘頭的和掌門失聯了。當這段「失落的回憶」重新甦醒，我便很快的讀完三位詩友的詩集，略有所感，粗淺的寫下個人心得。

「鍾順文愛的進行式」企圖向世人布施佛法禪機

鍾順文是何許人？我直接從他的詩集扉頁掃描下來如後（其他二人亦同），資料齊全，圖文並茂，勿須我再創詞贅言。「鍾順文愛的進行式」（宏文館，二〇〇八年十月），全書有九十三首詩，就形式規格而言，是很「規距」的現代詩。（相較於他太太謝佳樺的詩是「很不規距」的詩，後述。）就內涵、思想、詩藝言，分幾點略疏淺見。

第一、向眾生布施佛法禪機。整本詩集約略有半數的詩，彰顯或隱涵著佛法禪機，尤其藏傳佛法之領域，標示出他的信仰方向和修行境界；另半數的詩雖不直接點出佛學禪宗內涵，絃外之音也有「拈花微笑」的暗示或因緣觀，表達出他想向眾生說法之願行。

錯不了／那片雲是清末年間／捨不得走定格在畫框裡／和禪坐的老僧有緣／一起
禪坐至今

——「禪畫」第一段——

落徐徐如沐的微風裡／還有那種法相的莊嚴／不讓／水跟著放下／火跟著放下／晝跟著放下／夜跟著放下／／甚至天空也放下了

——「放下的睡蓮」後段——

在台灣寫詩其實是一種「虧本生意」，這種生意爲何有人做?原因是寫詩像抽鴉片，上癮了成爲習慣性嗜好，再也戒不掉。如「空空無詩後的空無」一詩：「寫詩的靈感一直僵在桌旁／不敢伸頭看那似網的稿紙／終究糾纏又是另一種纏糾／／吐不盡的絲，像糾結不完的網／誰說結外的空洞是真空／空裡再空再空又是另一個空不完的／空」，這首詩明的說自己有「吐不盡的詩」，心中的詩海無涯；言外之意說「空」的境界是無止境的。此處，許多人會誤解「空」之意涵，以爲是「無或沒有」。佛教的「空」是很「真實而實在」的，尤以生命的輪迴觀。讀他的「天葬」：

進入三善根，轉生唯一的藏傳本色／天空的四週，佈滿了神鷹的輓歌／死亡虎視每個生命結束的收穫／那些伴隨葬禮的小石片也喧嘩起來／交頭接耳似的討論／死亡並不虛無，唯一虛無的是／生命找不到一個好的出口

是啊！我們人人都想找到一個好出口，使下一世比這世更臻上乘，甚至得到成佛、成菩薩，對詩人更是，這是他的生活信仰，也是鍾府全家的「天命」。他有一首詩卽寫他大女兒昀臻，自幼喜歡盤坐，連如廁都在馬桶上盤坐。鍾兄與吾等不久前同遊江西三清山時，他亦提到這女兒有慧根，是菩薩轉世，根本是來渡他的：

誰說不能如廁盤坐／所有的意皆入意中／水龍頭湍急而下的水／是最動聽的瀑布聲／四處散發的竟是最頂級的奇南沉香／如入莊嚴的壇城／佛在心中／修行像如廁／行雲流水一般／盤坐自在

——「盤坐如廁」後段——

中國禪宗常提到，行往坐臥食衣住等，無非都是禪，禪在生活中，生活便是禪。看來他們一家人都沐浴在佛法禪機之中，老婆卽同修，兒女是渡他的菩薩，這實在是一種

人生殊勝之因緣與美滿。在「蓮說」一詩裡：「貼近水面的耳朵／想聽眾生傳來的苦水／想聽淨水苦口的說法／想聽千山耿直的心念／想聽自己內心的省思」有著菩薩心腸。這「蓮」可以是佛、是菩薩，是詩人自己，意象明淨聖潔，亦了悟眾生皆有佛性，這詩寫的太好了。其他禪詩尚多，不一一列舉和解說。

第二、炎黃子民的神州意識情懷。活在這個時代「黃皮膚黑眼睛」的人，不管住在大陸、台灣或海內外，假如失去「炎黃子民的神州意識情懷」（政治語言謂之「去中國化」），那麼他可能只是一個「人」，而不知道「那裡人？」。詩人亦然，不論傳統的詩品家（鍾嶸、司空圖等），或當代大師級詩人（余光中、文曉村等），稱這部份血緣和文化的認同叫「情操」，失去這個情操不僅「中國詩人」不可得，連「台灣詩人」也成半調子。當然，在現實社會生活中這是複雜的問題，也有一些掙扎。詩人的說帖作品表達了這種情緒。

那些隨我回神州的夢境／是不需要修剪的片斷／而該修剪的／是我參差不齊的睡意／／夜半指甲也毫無睡意／陪我一起修飾一些想法／一個完整無缺的懷鄉夢／要用幾度深層的睡意去迎受？／那就要看今夜如何去修剪／千頭萬緒的曙光靈感

——「泰州夜半修剪指甲記」後半段——

這首詩也妙極了，明寫修指甲，意指詩人心態上對神州意識的調整，但不管如何調整，都像修剪指甲，只是一些修剪而本質不變（即血緣文化認同上的不變）。神州依舊是「一個完整無缺的懷鄉夢」，本質是不需要修剪的，這種情緒也表現在「西湖夜」這首詩中，「惟獨我們清醒／在西湖不安的夢外／似乎說了甚麼？／似乎又沒說甚麼？」

爲甚麼詩人在泰州夜半睡不著，只好修剪指甲，西湖夜又清醒著，詩人心中牽掛懸念著甚麼？不就是神洲子民生存發展這塊土地嗎？而這塊大地現在問題重重。「打擊樂：記失血的福爾摩沙」一詩後段：「操台語口音，左手持綠卡把明天搬至異邦／而右手仍然像無情的怪手……給奄奄一息的福爾摩沙醒轉」。注意這個「異邦」用語，沒有「炎黃意識」的人用不出來，一個沒有炎黃意識的人，只會拿綠卡搶做「美國人」，不會把那裡當「異邦」。由上解析，也見鍾順文的血緣文化認同是很堅定的。

第三、「愛的進行式」詩藝淺說、小誤與小結。「愛的進行式」是詩集中的一首詩，不分段四十九行，是許多動物的生活對話，如象、長臂猿、海龜、松鼠……及他們生存環境之場景等，這樣的詩當然有無數種解讀意涵。我的詮釋爲「鍾順文式進化舞臺風景」，適合製成卡通動畫給小朋友看各種生物如何生存！說是愛的進行式也通。佛法講究「自然之理」（因緣），讓眾生自在就是一種愛，是故這首詩也拿來當書名，其來有自。

淺說其詩藝，按司空圖「二十四詩品」，鍾兄的詩作大體上是典雅、自然、含蓄、實境、形容、流動者居多。有二首短詩其「造境」和「實境」見其寫詩三十年之功力：

一隻白烏鴉／落潭／驚飛出一行黑過一行的／俳句／／回首／看那水花濺起／鋪就的不也是一首／參不透的／七言

——「想硯」——

妻說／她拿我對她的思念當針線／縫補一再破裂的快感／／在遠方這頭的我／卻說／她無形的吶喊／才是我無法修復的遺憾

——「當一切都寂靜」——

「想硯」是造境之境界，實際上並非「一隻白烏鴉」，而是一支尚未蘸墨的毛筆，有豐富的想像力，才能使這首詩意像鮮明靈動。而「當一切都寂靜」寫夫妻關係，至於破裂的快感怎樣縫補?遺憾如何修復?雖是「人家的事」，卻是很有「看頭」，很有解析的快感。

末了，詩集的編排上可能有些小錯。第廿六頁的「入畫」一詩與四十二頁的「畫中畫」詩，僅標題不同，內容均一模一樣，一字不差，都是六段每段六行的詩。不說這小錯，內容甚爲典雅、鮮明的組詩，讀之讓人「進入畫境」，寧靜之美由心而生。

謝佳樺「時間迴帶」創新突破前衛女玩詩家

謝佳樺何許人?到寫本文時我仍不認識她，我不過由她的詩及解讀其人，就從她的詩集把照片和基本資料掃瞄下來，讓讀者認識吧!

「時間迴帶108首詩」（宏文館，二〇〇八年十月），讀完全本詩集，「創新突破・前衛・玩」是我給她的定位，此亦我在前面說的，與鍾順文詩作相較，謝詩是「很不規距」的。他有部份詩作稱「前衛藝術」可以，但稱「一首詩」我則大有意見。整體賞讀，分幾點論述。

第一、她的筆是點活每個字詞的魔法棒。這是謝佳樺「玩方塊字」的境界，她把每個字、詞、名詞，乃至各詞類，都在她的詩中活了起來，全書一〇八首詩皆是，如讀「謝式現代詩的哈利波特」。此無從舉例，讀者翻開「時間迴帶」詩即便有此感覺。

第二、以詩彰顯對佛性和音樂的領悟。詩人謝小姐是藏傳佛教的信仰者，是西藏古文物收藏家，又是音樂老師。是故，她的生活、她的詩作，都彰顯對佛法和音樂的領悟應是必然，全書有半數以上作品體現此種屬性，只舉一例：

撂開時間的繩索／一端繫住前世／／一端綁在來生／盪它一世的／葷葷素素

——「千秋」——

這般瀟灑、自在、自由的思想，又具永恆不朽的生命觀，想必也是灑脫奇女子。

第三、善於捕抓瞬間單純的意象和靈感。寫詩的人都知道短詩難寫的好，考驗功力往往在短詩，原因是短詩要捕抓一個或兩個意象以形成完整高遠的意境，又通常是瞬間的靈感，何其難?她的詩集有十多首約五、六行以下，十行以內就更多了。舉一例：

詩的袈裟／穿著　生命／托拿靈魂的缽／化緣／一路行來的……

——「緣」——

類似這種意象單純，意境高遠的短詩，她已「玩」入上乘。但下項有些「玩的過火」的詩，我有意見。

第四、這也叫詩嗎？她的詩集有幾首怪異（或前衛）的詩，可能我涉詩未深難以看成「一首詩」，看成「一件藝術品」較能接受，如「詩的化學方程式」、「在五線譜上寫詩」、「空白約 2:00」、「幾何時間」等。舉二例批判。

第一首「空白約 2:00——爲任何一張空白稿紙而寫」（如下），詩人旁註此詩的觀念啓發，有中國易經、美國作曲家炯・凱基（John Cage）、法國新達達主義者依夫斯克萊因（Yvesklein），乃至卡謬（A. Camus），似想找他們背書吧！

詩人坦承這首詩（空白稿紙）曾寄各報章雜，全遭退稿（我當編輯也會退稿），但曾在多處以大型海報展覽（如高雄文化中心）。我想起多年前也來這文化中心參觀，曾有一藝術作品，在大型白色框中掛兩條破褲子。類似情形，謝的「空白稿紙」當觀念啓發的「藝品」可以，當成「詩」讀似有不通。

第二首「在五線譜上寫詩」（如下）。曲名是禁忌的遊戲（Jeux Interdts），爲西班牙吉他家納爾西梭（Narciso Yepez）的改編曲（如後），此曲亦爲學古典吉他者的必學曲。謝佳樺應是古典吉他彈奏者（見前面照片），她對此曲必情有獨鍾，又愛寫詩，兩者合起來玩也是有趣。謝小姐在作品旁註，取主題，捨其變奏（捨後半的E調），可唸成一首詩。

但我拿譜出來念，不論台語、國語，都很難唸成一首「有意義」的詩。當成遊戲玩，仍不失爲「一件作品」。

整體賞讀謝佳樺「時間迴帶」詩集，「創新突破。前衛。玩」是很深刻的感覺，她讓每個字、每個詞都活了過來，她像玩文字的魔術師。

子青「寂寞的魚」是當代人的寂寞

子青與我同是葡萄園詩刊同仁，我曾以他的兩本詩集（記憶的煙塵和子青自選集），寫過賞讀心得（葡萄園詩刊一七七期）。但爲更清楚介紹詩人，我還是從他這本新出的「寂寞的魚」，把資料、照片完整的掃描如下。

子青「寂寞的魚」（宏文館、二〇〇八年十月）。列「掌門30珍藏版」的第三本，有詩五十五首，短文二十篇。和以往詩作相較品讀，他的風格仍有延續性，對這塊土地、文化的關懷，善於捕抓生活靈感和典雅意象。另外，多了他在聖功女中與學生的互動心語，由其中年人生的寂寞更深刻（人生愈往後愈寂寞是實相）。因此，本文的重點我放在捕抓一條「寂寞的魚」，窺視魚世界的寂寞。

寂寞啊！人生，我讀過的名家詩作（當代、以前），大多深刻的吐露人生的寂寞，且愈孤寂落寞，作品愈是刻苦銘心，境界愈高。這本詩集的第一首詩「寂寞的魚」（先刊於葡萄園第176期），五段七十一行，首段起意：

我是一條沒人了解的魚／每天遊走於黑板與教科書之間／婀娜的粉筆灰／將我一身可笑的色彩染成蒼白／最恐怖的是那窺視玻璃缸的眼睛／如水蛭般地貪狠……

詩人長年窩居在一個小小的世界，和一群半大不小的女學生「綁」在一起，壯志能不年年消損乎？世界成了一座小小魚缸，苦啊！沒人了解，學生只想「吸」老師的知識。詩人（老師）快得精神分裂症了，分裂成兩個人，一個企圖外逃的自己「我猛然發現自己的寂寞掛在窗邊」，一個堅守崗位「繼續在變形的空間與飛灰相依爲命」。所幸詩人善於「自我療傷」，期待未來「也許寂寞會變成一座沉默的石像／被後人瞻仰憑弔」。若然，忍受孤寂都有了代價。在第二段，詩人換轉到文學場域，依然孤獨：

> 我是一條沒人眷顧的魚／在青春胡亂塗鴉的稿紙上遊走／常常迷失了方向／在錯字連篇和不知所云的世界裡／與寂寞一同被鎖在那小小的方格……

選擇當一個作家或詩人，本來就是選擇一條寂寞的路。但，四十年前我初入軍校時，聽到美國五星上將布萊德雷說：「軍人是寂寞的行業」，那時聽不懂，直到四十不惑才慢慢的懂，中年後更懂「與寂寞共舞」；詩人子青亦然，第二段末了「我與寂寞選擇了一種絕美的流浪方式」。接著詩人的另一個世界，稱交際或人際關係吧！依然是孤獨的世界：

> 我是一條沒人同情的魚／不會抽煙／但喜歡貼近玻璃追求快樂／不會喝酒／總是陶醉在水缸裡自比神仙／更糟的是從來學不會奉承阿諛／只像奄奄一息的水草／活在這般的世界／卻還想企圖豎立風骨……

這隻魚詩人在他的世界裡寫詩，把人生的孤寂昇華成真善美，昇華成一種哲學思想。

我以爲除了經商從政當官必須做些「長袖善舞」的工程，吾人當作家就是表達自己性靈，以誠交往，聖功女中那些孩子們不就很喜歡子青這位詩人老師嗎？

詩人儘可去豎立風骨，他的風骨是他的形象，就是他的人生。祇是詩人不干寂寞，第四段：

我是一條想游回大海的魚／告訴驕傲的日光燈／它保持沉默以睥睨的眼神……

這條魚不干於永遠待在水缸（女中的小世界）裡，他想創造或掌控更大的世界（有雄心、有壯志的男人當如此）。但在真實世界裡，一份工作是賴以養家活口的保證，誰敢輕易換跑道。只是人往高處爬，如何把「餅」做大？如何把企圖想要的世界變成真實擁有的世界？就看這隻「魚」的能耐吧！「寂寞的魚」的末段「一條迷途的魚背著自己的孤獨／繼續在水缸的世界裡／流浪」。

看來當一個「詩人老師」是子青的「天命」，由此途徑通向自我實現。人生原是孤單的來，獨行而去，看這花花世界六十幾億人口，小小台灣也擠了兩千多萬隻魚，而人人都覺得只有「我」的存在，我踽踽獨行於大千叢林，無人可以談心，這是這時代的「共業」吧！

子青「寂寞的魚」其他寂寞的產品，如「醫」、「驀」、「怨」、「魚叫」、「下午茶」等甚多，意象捕抓的都很「獨家」，使寂寞成爲美感，昇華成他的思想和哲學。另有更多的詩屬於環境關懷、生活體驗及對政局的憂心。尤其有很多首寫今（二〇〇八）年五月十二日四川大地震的詩，彰顯身爲炎黃子民同胞的心情，甚是珍貴之情操，「絕不放手」：

同學，你要撐著／牆固然這樣的重／黑白無常喜孜孜地靠近／老師絕不放手／就算磚瓦壓在我危弱的身上／呼息停止／老師也絕不放手

四川，你要撐著／海峽把我們分隔六十年／卻無法阻斷汨汨的感情／白晝終究會驅逐黑夜／太陽會蒸發聚雨／希望的風景／將在山邊漸漸的升起

子青是一個老師，對學生的受難感同身受，讀之鼻酸。再者，血緣同胞之情被政客撕裂成滿滿地垃圾的台灣，詩人還能保有如此純潔的同胞情，故曰「珍貴之情操」。我讀詩（傳統詩詞、現代詩），向來重其思想與情操，而輕技巧，蓋因前者能讀懂其人，

後者不能，余所淺識也。

子青也是散文能手，那篇「卸妝」極有創意，乍見我以爲是「子青式的浮生記」，寫心愛女人的卸妝，讀之才知是寫男人（他自己）的卸妝。「卸下沉重的妝扮，遠離的快樂慢慢地靠近了自己。」子青會愈來愈快樂的。

代結語：壯哉掌門詩學社而立社慶

二十多年前和掌門詩刊有一段淺淺的緣，讓我有些片段的回憶，人過中年總愛回憶。民國六十七年元月一日，掌門創刊號出爐，當時古能豪任社長，鍾順文任主編，羅門、沙穗等名家已在掌門發表作品，鍾順文有「終究八行」發表。歲月如梭，三十年竟瞬間消逝，二〇〇八年初冬找上網查尋，Chairman（掌門）已嚴然台灣詩壇一座大山頭，有古能豪、子青、謝佳樺等四十九位同仁，不見鍾順文，是否另立山頭？（待查）。

掌門也算跟上時代，似已完成全面電腦化工程。進入掌門首頁，可以逐次開啓掌門走廊、當期詩刊、掌門論壇、投稿掌門、訂閱掌門、加入掌門、歷期詩刊、訪客留言、同仁名錄等區塊。很方便與文壇各界溝通交流，亦見他們有心經營，有能力把「餅」做大。二〇〇八是掌門三十而立之社慶，他們確實做了「大餅」，爲詩壇未見之壯舉，深值大書。他們發行了「掌門30珍藏版」，像是有著廿六個車箱的現代高鐵，第一車箱「掌門詩選」，應是一本同仁詩選集，另廿五本的詩人、書名如次：

小荷「詩鄉行旅」、子青「寂寞的魚」、王啓在「穿著幸福牌彩衣的蝶」、王希成「我的詩劍江山」、古能豪「懺情書」、江明樹「李旺輝傳」、何雨彥「獨腳中尉文集」、何雨彥「愛河賞浪詩集」、汪啓疆「疆域地址」、吳曼圭「曠地野梅」、雨弦「因爲一首詩」、林仙龍「遙對大武山」、徐享捷「趕在雨絲間」、高玉蕊「隱藏的風聲」、高玉蕊「歲月手勢」、陳美鳳「群鳥掠過的天空」、陳秋白「綠之海」、陳秋白「戰火地圖」、張詩「搖晃的屋頂」、鍾順文「愛的進行式」、簡景昇「荒山歲月」、謝佳樺「時間迴帶108首詩」、謝錦德「葡萄的淚」、張志雄「小熊。1953」、陳文銓「望生詩文稿」。

壯哉！當代詩壇一座大山。論者每謂「台灣詩壇山頭林立」，弦外有負面知音，但古今中外那裡不是山頭林立?政壇商界均如是，國際叢林更是，放眼千萬年來進化舞台生命風景，真是「山頭林立、頭頭是道」。各展風光，各領風騷，揮灑生命與文壇的多樣美麗。萬盛山莊主人陳福成二〇〇八初冬稿於台北。（發表於二〇〇九年三月十九日高雄文學館「南北藝文研討會」，並刊載於「藝文論壇」（二〇〇九年五月四日）。）

謝佳樺，詩人、[illegible]、西藏古文物收藏、詩元素108詩雜誌[illegible]總編輯、掌門詩學社同仁、中山大學詩社講師、驛站美術館及謝佳樺之工作室負責人，常往返於西藏、尼泊爾、印度……，推廣跨領域精神，策劃創意觀念活動，作詩與音樂、藝術、觀念的演講。作品融合宗教藝術與音樂要素，多次入選海內外選集……。曾獲高雄文藝獎、心臟詩獎。出版音樂叢書五種。「西藏行腳」攝影輯二種。詩集「當你唸著108顆詩句串成的念珠」、「謝佳樺中英短詩選」。

[illegible]
[illegible]
[illegible]
中山大學詩社指導老師、
經常以[illegible]詩歌朗誦表演於國內外。

曾任掌門學詩社社長及港都文藝協會理事長，
曾獲文藝獎章，及多次文藝獎，
作品譯成英、日、韓文出版，
並經常入選海內外選集…。

著作詩集：
六點三十六分、放一把椅子、頭髮和詩、
刺青的時間、空無問答、鍾順文短詩選。
散文集：
舞衣、旺大調、浪漫高雄。

1984年5月　演奏會

空白約2:00

—為任何一張空白稿紙而寫

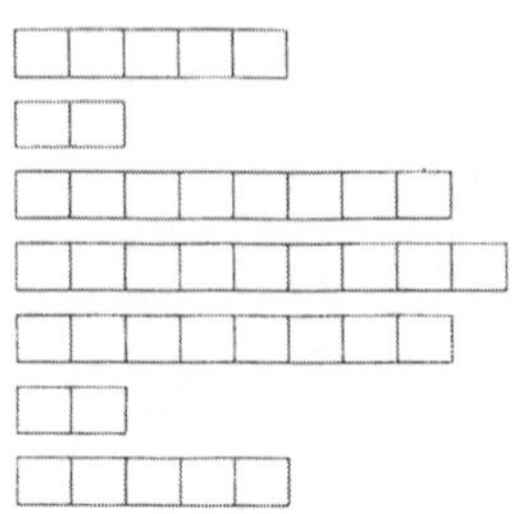

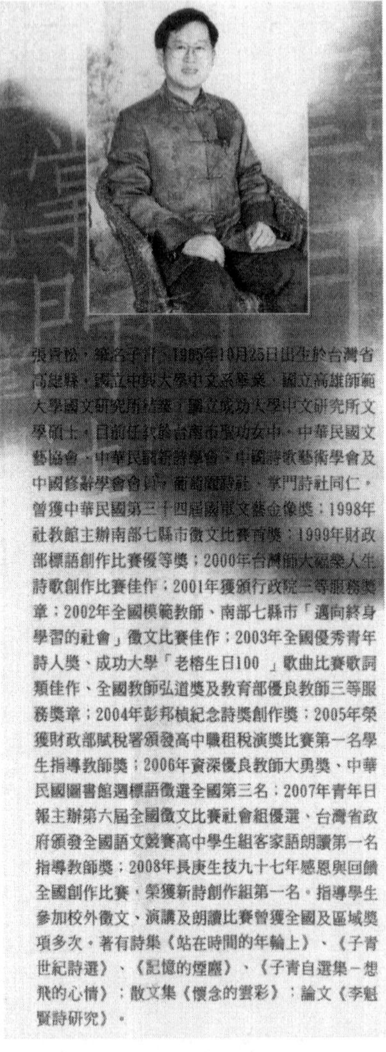

張貴松，筆名子青，1965年10月25日出生於台灣省高雄縣，國立中興大學中文系畢業、國立高雄師範大學國文研究所結業，國立成功大學中文研究所文學碩士，目前任教於台南市聖功女中。中華民國文藝協會、中華民國新詩學會、中國詩歌藝術學會及中國修辭學會會員，葡萄園詩社、掌門詩社同仁。曾獲中華民國第三十四屆國軍文藝金像獎；1998年社教館主辦南部七縣市徵文比賽首獎；1999年財政部標語創作比賽優等獎；2000年台灣師大冠樂人生詩歌創作比賽佳作；2001年獲頒行政院三等服務獎章；2002年全國模範教師、南部七縣市「邁向終身學習的社會」徵文比賽佳作；2003年全國優秀青年詩人獎、成功大學「老榕生日100」歌曲比賽歌詞類佳作、全國教師弘道獎及教育部優良教師三等服務獎章；2004年彭邦楨紀念詩獎創作獎；2005年榮獲財政部賦稅署頒發高中職租稅演獎比賽第一名學生指導教師獎；2006年資深優良教師大勇獎、中華民國圖書館週標語徵選全國第三名；2007年青年日報主辦第六屆全國徵文比賽社會組優選、台灣省政府頒發全國語文競賽高中學生組客家語朗讀第一名指導教師獎；2008年長庚生技九十七年感恩與回饋全國創作比賽，榮獲新詩創作組第一名。指導學生參加校外徵文、演講及朗讀比賽曾獲全國及區域獎項多次。著有詩集《站在時間的年輪上》、《子青世紀詩選》、《記憶的煙塵》、《子青自選集－想飛的心情》；散文集《懷念的雲彩》；論文《李魁賢詩研究》。

在五線譜上寫詩

—Romance de Amor

詩嬉詩	詩拉手	So Feel Me	覓熟悉
謎秘密	覓蕊逗	鬪詩啦!	拉詩餖
詩鬪詩	枘逗詩	詩拉手	So Feel Me
Feel Feel Feel	Feel So Feel	迷覓謎	覓——

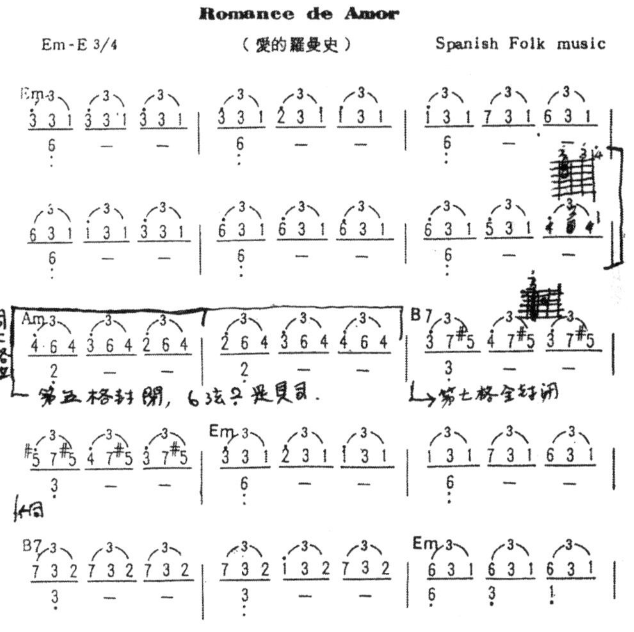

Romance de Amor

Em-E 3/4　（愛的羅曼史）　Spanish Folk music

同上格位

第五格封閉，6弦只是貝司.

第七格全封閉

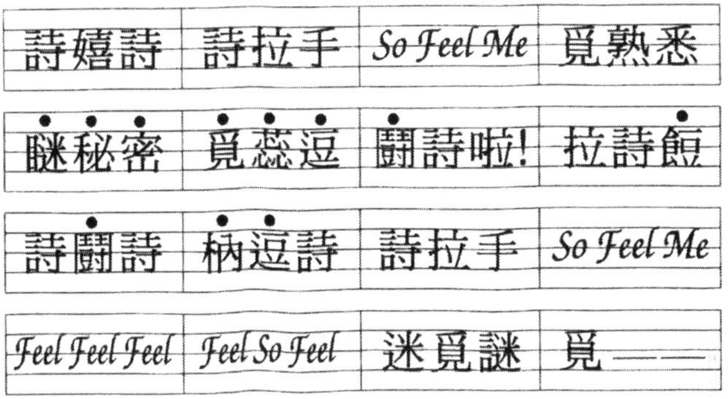

從詩人沙牧「媽媽不要哭」說起

一生落拓、窮困的老詩人沙牧（本名呂松林，民17年生，山東省海陽縣宴海鄉呂家村人。），民國七十五年二月十二日凌晨因車禍仙逝。是月二十五日上午，由詩壇上的資深詩人張默、辛鬱、羅明河、林建助等詩友，捧著他的骨灰罐，送往陽明山靈骨塔，從此沙牧永眠陽明山了，也解脫了一切苦難。

苦難啊！他的一生，不忍再述了。

沙牧走了二十多年了，台灣詩壇上再也無人提起，甚或想起這位詩人，卻仍有藝人常在懷念他，便是我司馬婉柔。原因是沙牧身後的一本詩集「死不透的歌」（台北、爾雅出版社，民75年9月20日），集子的第二輯有一首詩「媽媽不要哭」，詩中描述的場景和我有共同經驗，那種對心靈的震撼，一生揮之不去。先來賞讀這首詩：

別老是望著那空了的小書房／燕子已快從南方回來／媽媽不要哭
菩薩是不懂的哇／卜者也測不出自己腳下的路有多長／媽媽不要哭
砲聲總會停止的／而現在我們必須擁抱戰爭／媽媽不要哭
樹葉還未落盡／今年的秋裝不用剪裁了／媽媽不要哭
沒有名字的小墳長滿了野草／雲的棉絮已夠禦寒了／啊　媽媽不要哭

這是一首五節，每節三行的小詩，算是表速的很「健康、明朗、中國」的詩，平易近人而有深刻的震撼與反思力。詩末有後記，照錄以示這首詩寫作的時空背景。

距我所住的指揮所（戰堡）約五〇碼的地方，有一座沒有碑銘的小墳。暇時我常坐在小墳前的岩石上，沉思或眺望對岸廈門的風景。

我猜想，那長眠在小墳中的一定也是我為保祖國而獻出自己生命的陌生的兄弟。有時我讀詩給他聽；而有時或神經質地對他說些根本毫無感知的話語。

有一次，當我又默坐在他小小的墳前時，忽然念及：他也是一位母親的愛子，和我一樣；而同時我又多感的聯想到，或許有一天我也會像他那樣地，睡在那兒或不可預知的什麼地方。當我這樣想著時，詩思由然而湧了上來，遂草成此詩。

詩成後，在靈犀的冥念中，原欲以此詩慰藉他的亡魂和天下某些不幸而仍懷著「盼兒歸」般望的母親們。但當我重閱一遍後，深心頓感一種悲劇的重壓！眼前一片昏暗，伏案欲慟，悽然良久。面對帶水之隔的錦繡故土，雲天悠悠，思神州之未復，倍感愴然而悲涼。

四十六年九月於大膽島——發表於「南北笛」

沙牧所處的時空環境及所見場景，我完全可以領受，也有百分百的同理心與他同步悲慟，因爲它所處的戰地，十八年後我也到了，也看到那樣場景，甚有過之。

話說民國六十四年八月，我從陸軍官校畢業便中了「金馬獎」，分發到金防部砲指部，在斗門砲兵連任中尉連附，負責指揮所業務。當時金門仍是戰地，敵我狀態處於「單打雙不打」情況，這種單打雙不打現在想來真「神奇」，敵我雙方未經談判，便「不約而同」的一天你打砲彈來，一天我打砲彈去（都是宣傳彈），中外戰史未見有此類戰法。

只能說同是炎黃子孫，很有默契吧！

我的指揮所（一個半地下戰堡）外面一片樹林，林中有十餘座小墳（實即小土堆），有立墓碑著，亦有無碑者。官兵休息、吃飯、喝老酒、聊八卦、都在這小墳旁，那種心情和感覺完全和沙牧一樣。是後很多年，常常想起初下部隊這段情景，讀到沙牧的詩才會倍加感慨。

沙牧走後不久，詩友為他出版「死不透的歌」詩集，有洛夫和瘂弦為他寫序，有張默、辛鬱、向明、沙穗、連水淼等當代名家，為他寫紀念文，沙牧也可以安慰了。

世間事都有意外或例外，我原以為世間再也無人提起沙牧。二〇〇九年在金風送爽的季節，我偶遇知名的老作家陳正義先生，他致力於古曲詩詞吟唱，在他眾多曲目創作中，竟有一首沙牧的詩「媽媽不要哭」（如下）。

比較爾雅版和陳正義譜曲的「媽媽不要哭」，

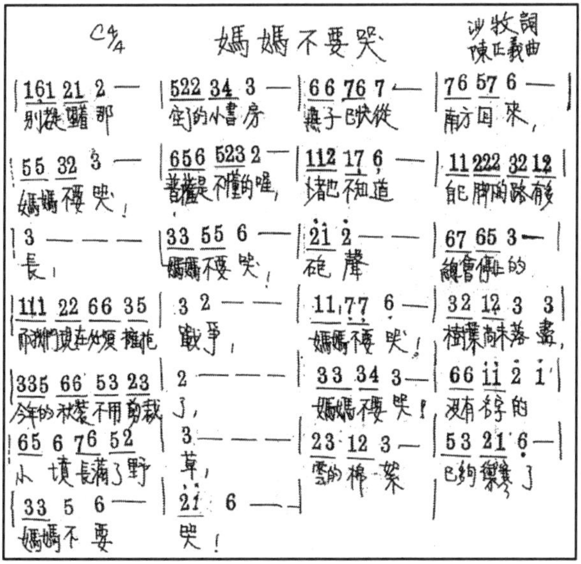

C 4/4　媽媽不要哭　沙牧詞　陳正義曲

文字可能有誤，所幸不失原意。到底錯在那裡？讓有心人進一步考證，相信沙牧還是「在意」後人弄錯了他的詩句吧！

不久前，我讀出版家彭正雄鼎力相助才出版的馮馮自傳體小說「霧航」（上中下三冊約八十萬字），該書副標題又是「媽媽不要哭」（台北，文史哲出版，二〇〇三年十一月初版）。馮馮（本名馮培德，一九三五年生於廣州），他一生坎坷，歷經滄桑與戰亂，他集難童、失學青年、海軍學生、總統翻譯、匪諜、囚犯，還有流浪漢、乞丐、苦力、豬奴、車伕、擦鞋童、大作家、教授、文學獎得主、十大傑出青年、精神病、作曲家、編舞家於一身。馮馮的悲慘和傳奇都和「媽媽不要哭」有密切關係，也是戰亂的犧牲者，「霧航」一書深值細讀，該書實是日前小說市場上難得的好書，甚有拍成電影的價值和實力。

話說回來回歸本題，沙牧的媽媽哭了！馮馮的媽媽哭了！金馬外島那些墳堆裡枯骨的媽媽哭了！我媽媽也曾哭過，爲何？都是相同的原因：戰爭。

話說民國五十七年，我剛初中畢業，才十五歲的孩子耶！便投身鳳山陸軍官校預備班十三期，我媽媽哭了！那年代天天高喊「反攻大陸」，隨時準備上戰場打仗。媽媽的心想這孩子鐵定是一去不返了，她哭了好幾夜（半年後妹妹告訴我的）。

啊！媽媽都在哭，古今中外有多少媽媽哭，都爲戰爭這個原因。如何使天下的媽媽都不要哭？今後再也沒有任何作家寫出「媽媽不要哭」這樣的作品，只有一個辦法，便是永遠沒有戰爭。過去的戰爭沒有（沒有一次大戰、沒有二次大戰、沒有倭奴國侵略鄰國之戰、沒有兩伊戰爭……）；未來的戰爭也永遠沒有，則，沒有媽媽哭。

若然，雖安慰了媽媽，使媽媽不哭。但是，但是啊！卻使爸爸哭了，研究統計戰史，所有戰爭的發動者，九成九點九是爸爸們（男士）。試想「該」發動（不論主動或被動）的戰爭，而不發動，爸爸（男士）們也能不放聲大哭嗎？可能媽媽和孩子們也哭成一堆吧！弔詭啊！弔詭。（原文以「司馬婉柔」筆名發表在「新文壇」，二〇一二年。）

附記：沙牧，民十七年生，三十五年入青年軍二〇八師，三十八年參與登步島戰役，任中尉突襲排長，次年隨軍由舟山來台，駐防台中沙鹿，正式開始寫新詩，此後出版新詩集有「永恆的腳印」（海島文藝社，民四十二年）、「雪地」（詩散文木刻社，民五十二年）等，及身後這本「死不透的歌」。

陳正義，古典詩詞作曲家，法號「青空」，是一位致力於推廣詩詞（含現代詩）吟唱的「苦行僧」，目前每週三下午二到四點仍在中國文藝協會九樓教唱，著有「中國古典詩詞吟唱集」，採中國平劇及崑曲唱腔，意者可到文協九樓共襄盛會。

遇見上官百成：想起上官志標和楊惠敏

——大家心中的一個夢

現在台灣社會失根情形很嚴重，若你問任何一個大學生，乃至碩博士以下的人，「楊惠敏是誰？」

對方鐵定一臉茫然，或反問：「是不是迷網咖、吸毒，餓死六個月大的女嬰，昨天被警方抓到那年青女生？」

又或你問：「上官志標是誰？」得到的答案可能是「是不是昨天新聞報導，中標後殺死同志跳河自殺那男的？」

一座漂浮了四百年的島，時沉時浮又時而升起，現在時升時不升，因爲下沉的拉力太大，誰能救救這座找不到方向的浮島？快要滅頂了！

仍有一群不死心、有使命感的人，要爲這座浮島找方向——回到原來的地方——回到母親的懷哩，與爹娘共居於神州大地！

幾年前，我的二位師兄吳信義和吳元俊，一直邀我參與「全統會」（中華全民民主統一會），我因忙於俗務未能參與。直到二〇一一年二月十九日「全統會」在台北天成飯店開年會，二位吳兄再邀我參加（正式加入成會員後第一次與會），因緣俱足我欣然到會，在會場認識多位新朋友，王化榛（全統會長）、上官百成、劉敏、林秋娟、張坤松、陳景陽、趙良林、葉國勝、鄭榮德……

當會場有人為我介紹：「這位是上官百成，他就是上官志標的……」話尚未說完，我心頭一震，「上官志標」，我當然知道他是誰？他感動了半個多世紀以來的中國人！他的故事與中國春秋史同在。「上官百成」，我亦不陌生，久聞其名，只是未見其人，沒想到竟在「全統會」碰到，他們父子喚醒我心中那段古老的記憶！

死守四行倉庫的上官志標副團長

（本文照片取自：楊惠敏著，《八百壯士與我》，佛之光雜誌社，民67年12月。以下同。）

歷史絕不成交：想起上官志標和楊惠敏

「謝晉元團長、上官志標副團長、楊瑞符營長，還有好幾位高級軍官，早已在窗口迎接我。我脫下外衣，將浸透了汗水的國旗呈獻在他們面前時，朦朧的燈光下，這一群捍衛祖國的英雄，都激動得流下淚來了！謝晉元團長一把緊擁著我，大顆大顆的熱淚從他臉上流到我臉上……」

楊惠敏的回憶錄這樣寫著，這位民族英雄謝晉元，在敵人的炮火下沒有使他唉過半聲，這時卻氣不成聲對楊惠敏說：「勇敢的孩子，你給我們送來的豈僅僅是一面崇高的國旗，而是我中華民族誓死不屈的堅毅精神！」也確實是，一個小日本鬼子就想亡中國，真是門都沒，「四兩棉花」！

國旗高掛四行倉庫，傳遍海內外，不僅謝晉元率領的五二四團，整個神州大地的軍民，都士氣大振了！

任務達成後的楊惠敏，竟不肯離開四行倉庫，謝團長要送她走，她不肯走，說：「讓我留下來爲你們服務！」

官兵們堅持要她快離開：「爲了你的安全，爲了你更可以爲國家服務！」

「不，我不能離去，我不忍心離開你們……」她哭了！這時槍聲大作，謝團長開了朝蘇州河的邊門把楊惠敏推了出去：「四十一號，我們永遠記得妳，感激你，去吧！衝過去！跳下河！」

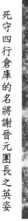

死守四行倉庫的名將謝晉元團長之英姿

楊惠敏一個猛衝，躍下蘇州河，鬼子的子彈從她身邊飛過，頭上槍聲大作起來。鬼子發現了她，幸好他泳技好，深潛到最深的水底，到對岸的公共租界，一抬頭，蘇州河畔已站滿人，紛紛向四行倉庫屋頂迎著朝陽的國旗歡呼招手！

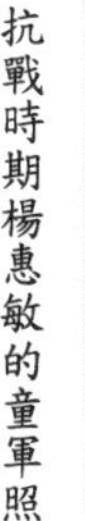

抗戰時期楊惠敏的童軍照

民國二十六年十月廿六日，我駐上海的國軍奉命西撤，駐守閘北的八十八師五二四團，進入四行倉庫（一個營多的兵力），守蘇州河岸，掩護師主力轉進。時八十八師師長是抗日名將孫元良將軍，八百壯士所屬正是五二四團，團長謝晉元原是該團中校團附，上官志標為連長，民國廿六年謝晉元升為團長，上官志標也就跟著調升團附。

孔祥熙博士回國時與楊惠敏女士合影

楊惠敏在「八百壯士與我」一書，寫道：「上官是一個很了不起的軍人，他和謝團長一樣，一生忠於國家，忠於領袖。這位福建籍的愛國軍人，抗戰時轉戰南北，屢建戰功。」抗戰勝利後，上官志標於民國三十六年來到台灣，在台南縣政府擔任兵役科長，直到五十六年九月廿七日因病去世。楊惠敏回憶，上官任兵役科長任內，她常去看上官，「他從來沒有怨言，只知奉公守法，站在崗位上負起責任。」確實是，近代中國充滿著苦難，任人宰割，子民能求甚麼?那「八百壯士」亦無可奈何！

關心現代史的人定知道，「八百壯士」後來解除武裝，「關」入租界，無端被俄國警衛公然任意射殺多人，不久又成戰俘，被日軍壓迫做苦工，過著牛馬不如的生活！

民國三十二年春天，上官志標副團長也因過度勞苦病倒了。幸而他抓住一個難得的機會，趁著前往無錫就醫，在途中逃出魔掌，他化裝潛在蘇、浙、皖邊區，參加抗日游擊隊，直到勝利才重返上海。

楊惠敏無限的懷念著上官志標副團長，「上官為人秉性剛直，任事勤謹，待人熱誠，潔身清廉，且具有強烈的正義感與高度的愛國熱忱。」

啊！上官志標，當倭奴國鬼子揚言「三月亡華」之際，你鼓舞了全體國人，你發揚了民族精神，那首由夏之秋作曲，桂濤聲作詞的歌，「你看那民族英雄……四方都是豺狼……」那是炎黃子民世世代代春秋大義的聲音，永恆不絕！

楊惠敏女士全家福，其夫婿國立台灣大學教授朱重明先生爲我國著名體育家。

上官百成的理想：這一代中國人最該完成的春秋大業

第一次參加「全統會」，我遇上了上官百成，一段久遠的歷史很快「復活」的鮮活起來。但因在會場（天成飯店）有議程在進行，我們只簡短的聊了一下下，互遞名片，他也出示近幾年努力進行的一份「工作簡報」——實卽一份給兩岸領導階層的公開信。我略加過目，就知道上官百成正傳承著他父親的春秋大業，這是他的理想，也是這一代中國人最該完成的大業。

首先我看上官百成的名片，初步知道他著有《八百壯士與謝晉元日記》一書，已改攝爲「八百壯士」、「旗正飄飄」二部電影；《上官志標傳》一書已編入大學、五專國文教科書。另外，他已担任海峽兩岸不少組織團體有職務，數量頗多，我整理成下表。

楊惠敏與上官志標副團長
攝於臺南縣府門前

從這張列表可看出，上官百成在兩

著有「八百壯士與謝晉元日記」壹書，已改
編為「八百壯士」、「旗正飄飄」二部電影
「上官志標傳」已編入台大、師大、輔大、五專國文教科書
「四行孤軍八百壯士」上官志標團長哲嗣
中華民族和平發展促進會　發起人暨副理事長
孫中山國際基金會總會常務理事兼中華民國分會會長
八百壯士上官志標(美國)基金會主席

上官百成(BRAIN)
SHANG KUAN　PAI　CHENG

TEL&FAX:886-2-2591-8640
Mobile行動:886-922-943-281　上海手機:1381-7011-524
E-mail:brain0719@gmail.com/brain0719@yahoo.com.tw

上官百成參與兩岸組織・團體的任職類別

組織・團體名稱	任職類別
中華民族和平發展促進會	發起人暨副理事長
孫中山國際基金會	常務理事・分會會長
八百壯士上官志標(美國)基金會	主席
台灣海峽兩岸文化經貿保障促進會	文宣部主委
台灣海峽兩岸農業產品推廣促進會	文宣部主委
中華環球房地產交流協會	文宣部主委
東南九省市旅台鄉親聯誼會	上海會會長
台南縣旅北同鄉會	前監事・現顧問
中華民國抗戰發難同志會	理事
台北市梅花之友會	理事兼副總幹事
人際關係協會	理事
閩西長青會	總幹事
台北市福建省上杭縣同鄉會	常務理事
中華民國觀光學會	監事
大華日報新聞中心	副主任
台北市經貿協會	理事長
台灣弱勢民權促進會	秘書長
經濟部中小企業	榮譽指導員
國際洪門南華山	秘書長
中華孫子兵法研究學會	理事

註：本表資料尚未含上官百成在「全統會」任事角色。

岸之間架起許多座「橋」，有大橋、有小橋，有各種功能的橋。席間，上官先生出示一份文稿，這是一份他已進行許久的「建橋工程」，他要號召更多兩岸炎黃子民來共同參與，讓更多的人知道。

我仔細研讀這張簡約的文稿（一封公開信），發現這竟是廿一世紀全體中國人的理想，兩岸中國人共同的夢。是故，我把上官的公開信全文披露如後：

研究上官百成的「工程藍圖」，他很技巧的避開了敏感的「統一」字眼，從頭到尾未談「統一問題」，但這項工程若能推行下去（部分已在進行），則可稱統一的「序曲」；如同馬英九的作法，他確實「不談統一」，但所爲作法，如三通、ECFA、陸客自由行……都等於啟動了國家統一的「機制」，向統一又靠近一步，使統一成爲不可逆，未來任誰執政也是不可逆。如此，國家統一有望，我國在十至十五年內必完成統一工程，現在得有更多的上官百成來努力！

所以，上官百成所做的，是承接他父親上官志標的「八百壯士精神」，進行一項中華民族的春秋大業。我常向這一代年青人說，「搞統一是這一代人最該做的事業、最值得做的事業、有最大舞台和最大發展的事業；反之，若你硬要搞台獨，只有死路一條。」

回顧中國近百年歷史，孫中山領導著無數革命烈士做甚麼？蔣中正帶領幾代黃埔子弟與軍民做甚麼？謝晉元、上官志標和楊惠敏又在做甚麼？

今天，「全統會」諸君，王化榛、上官百成、吳信義、吳元俊、趙林良、李宗元、林秋娟……乃至筆者，我們都在搞些甚麼？

一言以蔽之，這百年來我們「祖、父、子、孫」幾代人，以接力精神，一代接一代，做的是「一件事」，曰：「抵抗外患、民族復興、國家統一」。

就這「一件事」，我們做了一百多年，經歷了幾代人！只爲民族復興、國家統一，讓所有中國人、每一個炎黃子孫，有尊嚴的活在地球上。這一件事情就快達成了，君不見中國之崛起已是全球之顯學，媒體每天夯著「中國就要超越了美國……」的話題，「廿一世紀是中國人的世紀」已然到來！一個中國人共同的夢就要實現！

「全統會」人不算很多，勢力亦不大，但在吾國崛起統一之前夕，產生了「蝴蝶效應」，發揮了「一根稻草」的功能。王化榛會長、上官百成先生及諸君，春秋史的不朽事功，你是參與完成者之一，筆者獻上最高敬意。（全統會新會員陳福成　二〇一一年五月草於台北萬盛草堂）

（懇請將本函轉告志同道合之仁人志士共同協助、指導、奮鬥、促成）
耑呈 中華民國 馬總統 英九閣下 中國國民黨 馬主席 英九閣下
中國 胡國家主席 錦濤閣下 中國國務院 溫總理 家寶閣下
中國上海市 韓市長 正閣下
一封公開信函

鈞座為 國辛勞奉獻，敬致最崇高之敬意。

2005 年 9 月 3 日北京隆重紀念抗戰勝利 60 週年中共 胡總書記錦濤先生昭告世界，高調肯定國軍著名的「八百壯士」等：

【在空前慘烈的抗日戰爭中，中國軍民前仆後繼、浴血奮戰，面對敵人的炮火勇往直前，面對死亡的威脅義無反顧，以血肉之軀築起了捍衛祖國的鋼鐵長城，用氣吞山河的英雄氣概譜寫了驚天地、泣鬼神的壯麗史詩。等眾多英雄群體，是中國人民不畏強暴，英勇抗戰的傑出代表。】

1938 年 毛主席澤東先生在六屆六中全會講話中，高度讚譽並親書『八百壯士民族革命典型』。

2006 年 04 月 15 日中共 胡總書記錦濤先生(新聞、網站)表示，只要是對臺灣同胞有利的事情，只要是對促進兩岸交流有利的事情，只要是對維護台海地區和平有利的事情，只要是對祖國和平統一有利的事情，大陸都會盡最大的努力去做，並且一定努力做好，而這也是大陸對廣大臺灣同胞的莊嚴承諾。

2005 年 11 月 20 日 美國、加拿大等國 發行最大之華人報紙 【世界日報】【亞洲時報】【大世紀報】等媒體報導—八百壯士後起團長上官志標，當年為搶救謝晉元團長被刺六刀重傷，雖未能代為殉國，仍背負謝晉元團長遺體離開現場。後代上官百成現仍努力捍衛四行倉庫，仍保有上官志標被刺六刀重傷之血褲、八百壯士贈送之受傷紀念戒指及謝晉元團長之私章、遺墨。

因 胡主席錦濤先生在抗戰勝利 60 週年提及國民黨抗戰功勳，上官百成致函 胡主席錦濤先生促設八百壯士抗戰倉儲博物館及拍攝八百壯士電視連續劇。

1975 年上官百成依據 先父八百壯士後起團長上官志標遺留之手稿及資料彙編成「八百壯士與謝晉元日記」壹書，由華欣文化事業中心出版，1976 年建議由中央電影公司 辜董事長振甫（前海基會董事長）等負責改攝為「八百壯士」電影在海內外發行，並參加亞洲影展榮獲七項大獎，馳名海內外。

1985 年再增攝「八百壯士」續集「旗正飄飄」電影，兩部影片上官百成均參加演出，在海內外電影及電視頻道播出，成為愛國教育之經典教材。

擬 建議中國中共中央暨上海市政府與中華民國政府促成下列三點並祈示復：

【1】現已完成二十集大型愛國主義電視連續劇 八百壯士初稿 懇請指導、促成拍攝為禱。

【2】懇切 祈望世人組團赴上海參觀四行倉庫，盡速成立抗戰倉儲博物館及蘇州河等整修工程（上海投資近四十億人民幣），並向上海市提出建言，作為世人暨兩岸人民觀光旅遊經貿勝地。

【3】祈望中國中共政府能協助中華民國，無償提供上海四行倉庫，成立兩岸愛國文化、經貿協商交流單位，以增進凝聚兩岸人民彼此的瞭解與弘揚愛國情操。

擬懇請 鈞座重視採納建言，促有關單位協助配合，增進凝聚兩岸人民合而為一及彼此的瞭解，激勵兩岸人民，由歌頌進而實踐「中國一定強」的愛國情操。

中華民族和平發展促進會發起人暨副理事長
八百壯士上官志標（美國)基金會主席
台 北 市 經 貿 協 會 理 事 長
上官百成 敬上 2010/11
台北手機 0922-943-281 台北電話:02-2594-2921
台北傳真:02-2591-8640 E-mail:brain0719@gmail.com

賞讀「四葉詩箋」

——楊慧思、舒慧、陳琪丰和曾偉強香港四子詩想采析

背景・緣起

大約是二〇〇七年春吧！因「秋水」之緣，我獲贈「四葉詩笺」（香港：蘭葉詩社，二〇〇六年）這本詩集，一年多來都是我「枕傍書」的前十名。有時讀著就睡著了，由於四子詩風的唯美感動，又擅於營造幻夢情境，讓我入夢之初有枕流漱石的感覺，連夢境都飄逸了起來。

但畢竟「一樣米養百樣人」，且個人飄茵落溷，要表達的「詩想」也是絕然不同，只因「愛詩」，他們合組「藍葉詩社」，合出的詩集又爲何叫「四葉詩笺」？原來他們有了共同的夢想（按四子詩風解析，只有楊慧思和舒慧最愛做夢，夢想也最多；陳琪丰

和曾偉強幾乎從不做夢，故無夢想，但有理想。）

他們共同的夢想是甚麼？詩集的序言上說，就是「四葉草」（幸運草）四片葉子所代表的愛情、健康、名譽和財富。太好了，這些正也是我所要的，我半生所求，香港四個詩人爲我說了。世間有誰說他不要這些！說他放得下這些！想必是沒有的。（除了修行有德有道者）這就是「四葉詩箋」這本詩集的妙處，他們寫中了所有人的夢想。

有時讀累了，掩卷沉思，位甚麼兩位女詩人詩中之夢何其多？另二位男詩人詩中無夢？總有些好奇心，引我走進他們的詩國世界，逐一采析四子詩風。

第一葉　美女詩人織夢者：楊慧思

「四葉詩箋」的第一葉楊慧思作品，她是香港「藍葉詩社」秘書長，台灣「秋水」詩刊同仁，所以和我也算同仁。這一葉中她有廿六首詩，我首次掃描就發現九首詩寫夢或寄以一個美夢，可見這位美女多麼愛做夢，合乎「漂亮的女孩都有美夢」的說法。他的輯標題詩「藍色翅膀」有如一幅幻夢圖：

曾經　多麼渴望擁有／一雙　藍色的翅膀／／……翅膀乃織夢的良伴／在鑲滿寶

石的深藍簾幕游移／那裡珍藏著幻想棲息的空間／／我願徜徉幽藍的夜空／敞開心扉／懷抱悠悠天地／振翅遠颺／尋索生命的奇蹟

讀這首詩，不得不承認這位美女詩人確實當的起「織夢專家」，她若改行經營「夢工廠」，必能爲人織出更多美夢。類似這樣建構唯美夢幻詩境的詩，如「白色的夢」、「流星」、「詩情畫意」、「紫色秋水」、「指環」、「聽海」、「風花雪月」、「喀納斯的黃昏」等，有的是在蜃樓中築夢，有的將真實情景加以「夢化」。當然，人生如夢，紅塵百年不過黃粱一夢，但往往最真誠真實的經驗，才是夢中最甜美的情境。「指環」這首詩是詩人在夢中訴說母親的愛，這是最真實的感情，真實的經驗，愛做夢的女詩人仍加以「夢化」（美化）：

妳最愛蝴蝶指環／蝶兒起舞翩翩姿影／訴說　夢中的憧憬……悄悄告訴我／怎樣的指環／方配得套在母親刻滿愛的手上

可見女詩人多麼善於織夢，真實的存在可以織夢，進而夢化，不存在之物也能「隔空織夢」，在「白色的夢」這首詩她企圖把真實世界用二分法切割：「喧囂的市俗／汽車引擎　輾過／破碎的步伐／揚起的塵土／不曾染污　我／白色的羽翅……天地爲經／星月爲緯／編織一頁／白色的夢」。紅塵世界是不可能完美的，甚至處處有遺憾與齷齪，女詩人深明其理，又爲追求那份浪漫，於是把真實世界的喧鬧加以阻隔在外，重構一個清靜不染而浪漫完美的理想國，住在這種國度哩，自然寫出唯美多情的詩句。如「白色的夢」的「造境」：眷戀失的海洋／輕輕撒一張無邊的網／捕捉寂寞的浪花……

第二葉　描繪「民族共同夢境」的夢想家：舒慧

「四葉詩箋」第二葉是舒慧的作品，她是「藍葉詩社」社長，也是「秋水」詩刊同仁。這一頁她有二十首詩，寫夢或與夢有關者達十二首之多，可見舒慧做夢織夢的本領又超過楊慧思，她的輯標題就叫「夢的彩虹」。關於她這十二首夢之詩，愛詩者可自行參閱他們的詩集，我特別鍾情其中兩首有「民族夢境」精神的詩，「霧雨中的杜鵑」和「還念冬日」。（按：我從春秋大義思想解讀，始能望見中華民族共同之夢境，若單從詩藝品讀，恐難以看到這個層次。）先看「霧雨中的杜鵑」：

霧　戀著以維多利亞之名的港灣／迷離了／無維多利亞之名的峽谷／雨　擁著洋紫荊／翩躚於／二月變奏的旋律　忘情地／灑下紫夢殘紅

港督府　一個曾經顯赫的名字／深深埋進了世紀末……都隱掩在霧中　雨裡

問誰能　無視歲月浪淘／季節更換的驚心／只有杜鵑花／仍綻著初春情愫　守在／昔日殿堂　重門深鎖的庭園內／燦爛如／流落空谷的雲霞

這首詩結構上屬嚴謹的三段論法，明寫香港殖民時代結束情景，也存在著「正名」的糾纏，雨後洋紫荊殘花落地，惟杜鵑花燦爛如空谷霞蔚，陽光照過雲層綻射出紅色光采，多麼讓人「興奮」，充滿著希望。

但深層解讀之，是一幅「中華民族共同夢境圖」的形成，「洋紫荊」代表西洋強權勢力，「雨擁著」指中國精神與實力的崛起，包圍了西洋強權，使英國最後如殘花敗柳般退出香港，港督府走入歷史。第三段寫香港九七年回歸後，杜鵑花開的燦爛，杜鵑花有「中國原生種」也有「台灣原生種」，想像空間雖寬廣，但可以和「洋紫荊」形成相對意象，象徵香港回歸中國後，如三月杜鵑花那樣美麗燦爛，這是全體中華子民夢想的實現。詩人另一首「還念冬日」，其「民族夢境」更鮮明，意象更清楚，也是以香港為背景，舉其片段：

小路旁／不敵風雨的洋紫荊／在瑟縮顫抖／似絮殘紅　帶著／惹人感傷的離愁
隨風飄散……
莫妒／北國傲雪寒梅　堅忍／休貶／華堂報春新桃　無根／還念／驅散陰霾的和
暖冬日／往年

解了「霧雨中的杜鵑」迷底，再讀「還念冬日」，隱含的意向便清楚了，西洋勢力在香港之能「隨風飄散」，乃吾國子民「寒梅」精神的堅忍壯大。廿世紀末的中國人如果還是「東亞病夫」，英國會「自願」放棄香港嗎？用屁股想也知道。詩人雖一介女子，但她的詩筆描繪出「中華民族共同夢境」，乃當代中國詩壇女中大丈夫也。

第三葉　務實灑脫以紅塵為道場的修行者：陳琪丰

第三葉是陳琪手的作品，他是「藍葉詩社」監事長，秋水詩刊同仁。這葉他有廿一首詩，沒有一首寫夢或和夢有關，可見陳君是一位不做夢亦對夢毫無興趣的詩人，品讀他這廿一首詩，可謂對真實人生的體驗，企圖突破紅塵糾纏並加以昇華。這雖非夢想，確實是務實的理想。所以，我說他是以紅塵爲道場的修行者，希望有一天能修練到不執著、達禪境的層次。讀他的詩，「浮記」、「執著」、「紅塵啊紅塵」、「菩提道」、「人生四帖」、「隨風隨雪」、「歲月流程」、「終不悔」等，再我看來都是人生深刻體驗修練的一門「功課」，一首詩便是一門功課的「課後心得」。「歲月流程」一詩最能代表詩人修行的三層境界：

曾經，在／風雨中陶醉，那時／／見風不是風／見雨不是雨／／風雨始終都會過去／／昨日／見風是風／見雨是雨／／今天／迎著風，頂著雨／歸去，心中已／／無風／無雨

人在年青時最氣盛，自然是「見風不是風，見雨不是雨」，也就見長官不是長官，看困難不是困難，以爲客觀世界的一切都不是東西，看誰都不順眼。但是，「風雨始終都會過去」，人會長大成熟，釘子碰多了自然會學乖，便開始放下身段以謙遜的心看待客觀世界，原來「見風是風、見雨是雨」，別人也是人，一花一草也很可愛。詩人修行

到這個層次應是「昨日」（最近或進入中年）的事，這是人生的「本來面目」，本來就有很多的風風雨雨，樣樣都要親自去面對處理，也是一種試煉，看能否昇華到更高境界「不執著」，這是極難的修行。

到了今天（現在），詩人仍要「迎著風、頂著雨」面對人生所有難題或糾纏，而詩人說「歸去，心中已／／無風／無雨」。果然，詩人是昇華了，「執著」一詩寫著：

開竅了／愁，送給了無心的秋天／淚，給了嚷著要護花的春泥／血，化了胭脂醉
／以前甚麼珍惜的／不過是甚麼罷／統統都要拋掉了，甚至／自己

詩人真是愈來愈看得開，也愈來愈灑脫了，如「隨風隨雪」詩最後的結尾，「長歌後輕笑一聲／隨風／隨雪」。這似乎是看破了紅塵，卻也未必，只能說看開了紅塵，畢竟要修到完全不執著的菩薩境界，有幾個凡人做得到呢?那一個不是在紅塵中掙扎?他的另一首詩「紅塵啊紅塵」，看的出仍有無解的習題，試讀開頭和結尾：

轉眼變染了半生／難以掃走的紅塵……你在追問我哪兒的塵是紅的／我　默然

詩人爲何默然？因爲塵緣難了，所以只好繼續在紅塵中打拼討生活，這是人生的過程，也是人生的煩惱。但「菩提卽煩惱」，端看如何修吧！另一首詩「終不悔」的結尾，「煩惱是，最後／選擇了，不問世／無風無雨無情的日子，無奈是／／無風無雨」。看來詩人仍須以紅塵爲道場，在風風雨雨中修煉，希望他早成正果，勿被風雨所困，善哉！善哉！

第四葉　備嘗人生悲冷四大皆空的孤行者：曾偉強

第四葉是曾偉強的作品，他是「藍葉詩社」理事長，也是「秋水」同仁。這葉他有二十首詩，僅三首和夢有關（水流雲在、座堂的琴音、無盡的夢是生命之泉），細品這三首內涵，前二者寫的不是夢，第三守則是「魘」，所以曾子應是無夢或怕做夢的詩人。但從詩人作品去了解他的人生經歷，他是比前三子嘗過更多人生苦果的人，對人生體驗最爲深刻者。在曾偉強的另一本個人著作「藍巴勒隨筆」（香港，明文出版，二〇〇八年九月），有一段話：「這些日子以來，有喜也有悲，卻以後者居多……」就是證據。

備嘗人生悲苦，曾子在「四葉詩箋」詩集的二十首詩要表達些甚麼？至少半數以上詩作的核心思想，不離寂滅苦空孤獨的生命實相，如「退色的竹子」、「水流雲在」、「心經簡林」、「小雨點」、「無盡的夢是生命之泉」、「四大皆空」、「觀自在」、「無形的枷鎖」、「今夕何夕」等，讀者可自行品點驗明。舉代表詩人核心思想的「四大皆空」一詩賞讀：

風中幕色欲散欲離／漏盡水窮時／木鑽生火火又煉木木火俱盡／爐亦隨煙／殁
汪洋無際欲轉欲流／旴旭雲起處／息息相隨／洄轉十月痛猶隕落難陳／塵亦隨風／散
骨枯首白欲衰欲敗／煙至風並作／炘炘燋盡／霍然謝滅滅猶獨去遠／願意隨風／轉
又是幕色迴風欲離欲散／聚

這首詩四段，講的是生命、自然界萬物，甚至宇宙的輪迴實相，在無窮無盡的時空中，一切的「色」在「殁—散—轉—聚—殁」不停輪迴，這是「現象」，而其本質是「空」。就有情世界的眾生言，這當然是很悲觀；但就是宇宙現象言，這是任誰也不能破不能推翻的「真理」。

若能洞澈這個真理，便不覺得悲觀，反而覺得很自在、自然，甫剛過逝的聖嚴法師自輓「寂滅爲樂」是爲典範。詩人修爲是否到這境界?在「觀自在」詩有兩句，「剎那間即生即滅，而/足背之痛亦即滅即生」，似乎曾子已經能很自在的超脫紅塵的牽纏，但讀「今夕何夕」一詩，又覺得湮沒在紅塵中掙扎，引其小段賞讀：

天涯海角／知交零落／問誰管　萬般愁／杯中匆／恨！咫尺天涯／誰曉我心中事……倦了欲睡痛了想哭／此刻／落寞無憑方一世人

西方存在主義有一基本觀點，認爲人生自出生便不斷邁向死亡，因此人生是荒謬、痛苦和孤獨的，「苦」這部分和佛教思想很類似，惟本質意義不同。苦空無常是佛教的基本精神（思想），但目的是讓眾生知苦、離苦、追求幸福快樂，故「心經」說：「照見五蘊皆空，度一切苦厄」，雖強調「苦」爲人生實相，更重要是把苦厄「度」過去，當然要「度」過這關是很難的，這要從般若智慧的三個層次（正見、緣起、性空）下功夫，希望曾子能「照見五蘊皆空，度一切苦厄」，便有真快樂和滿足。

小結

在甚麼樣的「緣起」之際會?香港有楊慧思、舒慧、陳琪手和曾偉強四個愛詩人，創「藍葉詩社」，這本「四葉詩箋」是他們創社第一本刊物，我敬服他們的勇敢，勇於實踐理想（夢想也行），勇於提筆歌詠人生的喜怒哀樂，寂滅苦空，提煉真善美和愛。那種賞讀後的感受，你會深深覺得，在全球多如海砂的中國人作家群，又多了四顆亮麗的珍珠，高掛在浩瀚的星空中，一閃一閃，引你注目，啓動遐思……

四子詩藝各有特長，我粗淺的感受，二位女詩人以寫「意」爲主，故側重「造境」，屬浪漫主義者。而陳、曾二君寫「象」爲主，故側重「寫境」，爲寫實主義者。

浪漫或寫實源於個人對人生的不同體驗，但四子用心專心煉字、煉詞、煉句，使整首詩質地富於真善美，讓愛詩人飽足一頓「詩之宴饗」；同時，在中國人詩壇上他們的詩也提高了「差異性」，當代的中國人不論在何處談詩論道，到不能忽略香港「藍葉詩社」和四葉四子。

附記：「藍葉詩社」四子其他經歷、作品簡介

楊慧思（Janet）

香港大學教育學院畢業、中學教師「香港中國文學學會」理事、「中國詩經學會」會員、「世界華文文學家協會」會員。主編詩畫集「詩情畫意」及「藍色翅膀」，著有詩集「思@情」。

舒　慧（Michelle）

一位唯美女作家，作品散見中港台三地報章雜誌。「香港文藝家協會」副秘書長、「世界華文文學家協會」理事、「香港中國文學學會」理事及「中國詩經學會」會員。

陳琪丰（Poul）

香港工程師學會會員，理學碩士。業餘書法易數玩家，歷年有書法作品參展，「香港蘭亭學會」幹事、「香港中國文學學會」理事。

曾偉強（Eric）

香港大學文學碩士，「香港文藝家協會」會員、「中國詩經學會」會員，著有文集「日落是甚麼顏色」、「藍巴勒隨筆」及詩散文集「想飛」等。

賞讀林明理新詩集「夜櫻」

——秋風秋雨秋意濃

讀完林明理小姐新著詩集「夜櫻」（高雄：春暉出版社，二〇〇九年元月初版），第一個感覺是「鬼啦！他那是初入詩壇？」。全盤觀察書中的一百一十四首現代詩，賞其詞句建構，意象之經營與捕捉，至少是浸淫詩壇十年之功力；否則，便是一種天份，像十五歲的少年讀完哈佛大學同樣的道理。

第二個感覺是全書雖有百餘詩作，卻完全無「事」，沒有故事，沒有事件，沒有事務，但事出有因。到底寫些甚麼？不外是黎明、晚霞、淡雲或夜霧，乃至春雪、夏荷、秋山與冬湖，還有星月、動物和各種植物等。這些和明理的人生有何關係？沒關係，亦有關係，無「事」而有「意」。

對啦！就是「意」，詩人看到悟到一切現象的「意」，意的捕捉、展示和流轉。齊己（本姓湖，名德生，唐代詩論家。），在他的名著「風騷旨格」論詩有三格：「一曰上格用意，二曰中格用氣，三曰下格用事。」

我國詩論家，如鍾嶸、王昌齡、徐寅、司空图，都主張詩要先「鍊意、用意」，反對用典用事，拘泥於事，無所發揮，「意高卽格高、意低卽格低」爲重要標準。我讀「夜櫻」多日，思索著她在寫甚麼？原來是寫「意」，如國畫中的「寫意」，筆未到而意到。

我近年讀年青女詩人作品中，這種「寫意」風格的，另一本莫云著「推開一扇面海的窗」（台北：秀威資訊，二〇〇八年四月），倒是與林明理這本「夜櫻」極爲相近，二人偏好寫意，二書亦可對照的讀。

但是，我現在想找尋的是「夜櫻」核心之「意」是甚麼？卽這本書的核心思想是甚麼？我用心推敲，發現女詩人偏愛秋意。她的一百多首詩，幾乎處處有秋天的意象，多麼喜愛秋天，她前一本詩集也叫「秋收的黃昏」。

於是，我捕住「夜櫻」秋意濃，針對他書中濃濃的秋意，讀詩人心中的秋天是何種顏色？又是怎樣秋意心情？以下以有「秋」的詩解意。

我用寒衫披上了我的焦慮／幾片落葉的微音，卻聽到／那連接無盡的秋風秋雨

「雨夜」

遠近的飛燕在山林的／背影掠過……秋塘月落／鏡面，掛住的／恰是妳帶雨的明眸　「金池塘」

走出地鐵，花傘繽紛的街上／妳的影子捻起我心的律動／在風中，濕潤的空氣混濁／妳的嘴唇似西山的繁霜秋楓　「剪影」

在高地，在鼓蕩的波濤聲裡／我仍是一朵放慢腳步的雲／秋風轉疾／吹得歸雁排空濁浪／要不是青山遙指……我怎會轉來另一端的岸　「過客」

「雨夜」本來都是清寂孤冷的，詩人在等一個人，但人沒等到，等到更多的雨，怎不叫人寂寞。漸漸的，詩人感到焦慮，爲何?爲「秋風細雨」也，是不是這個蕭瑟的年代讓人感受到「秋風秋雨愁煞人」??而「幾片落葉的微音」正是一種帶有煞氣的「風吹草動」聲音，這樣的「雨夜」裡，怎一個「愁」字了得。

「金池塘」一詩雖寫秋景，秋意並不蕭索，確是飄逸的，尤以「飛燕在山林的／背影掠過」的心境造景，恰如陶銘濬「詩說雜記」釋滄浪「詩之品有九」時，云：「何謂飄逸？秋天閒靜，孤雲一鶴者是也。」女詩人以燕代鶴，外加白鵝半垂柳戲波，使飄逸的秋景增幾分動感。

「剪影」一詩，有春天的場景，秋天的心情。本來「地鐵，花傘繽紛的街上」是城市的熱鬧景觀，春意濃厚。偏偏詩人的心情是「繁霜秋楓」，深秋霜多已教人心情嚴肅，「秋霜」意象更使人年華老去，女詩人多麼善感啊！

女詩人雖多愁善感，在「過客」一詩，她已顯自在並達彼岸之「領悟」，這個過程有賴秋風轉疾加上許多因緣，「要不是青山遙指……還拖著星月長談／我怎會轉來另一端的岸」。眾生與萬物都是宇宙之過客，但誰能頓悟達彼岸？惟般若智慧而已。繼續再賞獨女詩人的秋意。

與秋空連接的／在一縷行雲間／迴旋往復／縱使無法駕馭長風／卻也甘心化為一棵老松／聽雨在灯下……多少年後／依然瀟灑自如

「夜思」

在初秋微風的黃昏……年復一年／海鷗依然／在彩雲上／彩雲是點點孤帆

「浪花」

當秋風來的時候，請記得／我的容顏已然／凝聚成純潔的曙光

「橄欖花」

雲經了秋冬托缽／遠望湖山遙水／浮聳在煙上／……而讀月的魚／悠游溪中

「行雲」

秋林批拂著／銀光的水道……鷓鴣的啼聲／穿過山谷，帶著李樹的花香／落在溼潤的歸路上／呵，把長情憑寄江畔

「江晚」

「夜思」是女詩人的願望，且以甘心化爲老松來換取，這願望不過是心境上的自在或能有些頓悟吧！與秋空連接最有機會，顯然「秋意」最能啓蒙詩人心智。

「浪花」是宇宙不變的現象。吾人觀察萬事萬物，分秒變化者如政局、價值觀、情緒、愛欲、市場等；恆久不變者如忠愛、真理、無常、因果或生命。今秋之浪花和萬年

後浪花是一樣的，何必在意！另一首「橄欖花」的意象顯的光明很有希望，雖臨秋風，卻似黎明曙曦色澤，朦瞳之景象添增美感。

「行雲」如「浪花」，同是不變的自然現象。只是「行雲」借秋冬表春意，但非指春意，乃四季之遞換輪替，何必在意！不管這世界如何無常，人要有定力，如「讀月的魚／悠游溪中」，才能活的快樂。「江晚」的秋意並不淒清寂涼，反而像是天地的縮影，秋林、峰巒、和江畔的黃昏，無邊無際的暮色，也不蕭瑟。這也反映詩人的心境，一種廣濶沉蘊的宇宙觀，把長情憑寄江畔，如同寄情天地宇宙是同樣「偉大」的。再讀詩人的秋意。

我在頂上等你……發光的月／是我碎成幾塊的江心　「在秋山的頂上守候」

若能是雲／我想輕飛／把黃昏染成／一池沉碧的秋水……愈走愈緩／這一停啊
「老紫藤」

清秋／石階邊的姿影……而我忘了秋雨／山茶／也立在風中　「山茶」

好想走出窗外／直駛到海灣的心裡去／在另一片秋雲下……繞過我的彌望

「可仍記得」

偶爾／還是會坐在窗前奇想／毫不以深秋／為意／大發詩興……蟲兒們的合奏

「簡靜是美」

看帆落南山／我來回踩步，找尋／今秋的第一月……小憩一會兒後／她窺探而且搖曳　「秋復」

「在秋山的頂上守候」和「老紫藤」，寫的頗爲感傷，前者等誰?等到心碎，若解成秋扇見捐更是悽慘;後者秋顏晚景，愈走愈緩，也感絕望。但人老了仍有戀愛的權利吧!想起秋水伊人讓人快樂且年青起來。

「山茶」的秋景很熱鬧，蜻蜓、流泉、人影、雞聲相呼映，連詩人「我忘了秋雨」。所以，寫秋意的女詩人，其實內心是很「春天」的。

「可仍記得」要記得甚麼？似乎意象不夠鮮明。走出窗外躲在另一片秋雲下，作啥？「繞過我的彌望」也頗費解的。倒是「簡靜是美」雖是深秋，詩人心境靈感都很蓬勃；一反深秋的意興闌珊，景象之零落凋殘，而如春意的大發詩興，「涼風看守著／蟲兒們的合奏」。現在詩人的秋意又很春天，且過著「極簡主義」生活的人。

「秋復」把秋天寫成一個調皮的女孩，筆法上很新鮮。這位「秋姑娘」亦是走在綠楊橋上，「小憩一會兒後／她窺探而且搖曳」，該是詩人自己。再讀解她的秋意。

曉色的樺樹在你眼底深處雄立／秋天的雨點在你身後串成連珠

「十月秋雨」

於是那幹活的佃農／早已忘卻露水冰凍／啊，挺身／眼前是金黃的稻穗，笑望田壠

「秋收的黃昏」

從春晨在秋夜／從龍潭到池塘／我心似流水般地輕喚……已然渡過幾個年冬

「萍蓬草」

秋天低拂蘆花／遠山獨釣江湖煙雲……白鷗驚起／輕拍細浪／吹皺疊翠峰巒

「湖山高秋」

是秋的蠟染／紫雲，浪潮拍岸／是繁星／旋轉，還有萬重山……飛越玉壁金川

「夜航」

江行出雨，岸楓釀成了酒紅／穿梭的鹿群回看秋林……靜聽雨打窗櫺

「聽雨」

詩人於「十月秋雨」中，想甚麼？這麼專注凝視的眼神，也沒甚麼！不過看夜空銀河，聽落葉的聲音，看曉色中的樺樹，感受秋雨串成連珠。詩人就是這麼敏感、神經質，但這便是一種心境的「境界」。另一首「秋收的黃昏」前半段，「紅霞一抹……互訴靈趣」也是詩人的心境，後半段則是佃農心情（寫實的、非寫意的），但前後對照便產生對比美感。尤以後面「聽雨」和「湖山高秋」兩首，是心思細縷且秋意唯美的詩作，「遠

山獨釣江湖煙雲」、「岸楓釀成了酒紅」，意境整個展現出來。

至於「萍蓬草」和「夜航」也是詩人常用題材，人生如浮萍飄泊，蹤跡游移不定，但這便是人生。當詩人浪跡萬重山之外，秋夜最叫人感傷，「小樓的風鈴就傳開了」，總想起故鄉的親人。

以上只是針對林明理小姐新詩集「夜櫻」中，以秋表意的廿一首詩，讀其秋意，實卽詩人心意。其他未以秋表意的幾十首詩，許多意象也有豐富的秋意，限篇幅不能多述。總的來說，全書一一四首詩，真是「秋風秋雨秋意濃」，且寫作風格卽不用事，亦不用典，把心思放在「用意、煉意」，故能意境高雅。

賞讀「詩藝浩瀚」感言

陳福成

當我拿到「詩藝浩瀚」這本書時，林理事長要我寫一篇評文，盤算時間已不可能寫一篇看的下去的評文。原因之一是時間距六月廿七日的會議只有兩週，提前一週交稿只剩一週七天可用。此七日中，要扣除事先已列入的其他社團（佛光山、台大、軍校和戰略學會）工作，算一算，約有一天多的時間可寫，只能以本文權當讀書感言。

所幸，我有另一篇比較正式的論文，談的也是新詩，也合今天會議主題。這篇題名爲「中國新詩的精神重建：當代華文新詩的現狀與走向之反思」，計畫用於今年十一月重慶的第三屆國際詩歌節，今天印出的只有前半部。我原有心先提出給台灣詩壇各位詩人、前輩看看，我至少可以得到一些建議、校正或不同看法，我加以整理修訂後，正式提出去報告。這部份請大家指正。

再回到「詩藝浩瀚」這本詩集，我是不夠格寫評文的，原因是我這後輩小子、半路出家的詩壇邊緣人，如何去評書中都是先進、前輩、專職（數十年只寫詩未寫其他）、教授、專家等詩家呢？評誰的都不對。最後唯一能評的，只有編的好不好，插圖美不美？我一言以蔽之曰：「編的太好了，图太美了，台客兄辛苦了！」

林理事長一直擔心今天提出的作品，是否不合今天的會議主題，所謂的「會員作品及研討發表會」，是詩集面市後，至少半年後的事。這樣對作品才有深入領會，寫的東西才能看。

至於今日提出論文者，所談都在台灣新詩或中國新詩範圍，也還合中國新詩藝術學會宗旨之領域內，請林理事長勿須過慮。

再談「詩藝浩瀚」這本詩集，這是一本「會員詩集」，沒有好不好的問題，誰好誰又不好，都是欣賞角度或情緒的差別。同仁、會員詩品我從不論好不好，只要能寫的出來，展示給同仁看看，便是好。如同一朵花，能開的出來，必然就是一朵花（有誰說不是一朵花），花便有欣賞的價值，甚至有知音。在台灣，我遇到（也聽到）一些詩人，否定了全天下的詩人、詩品，只剩他一人作品能讀。相信這是極少數的，希望我們能多欣賞他人作品。

但，有幾種情況必須對詩品評其好不好。第一是當主編的，不能都說好，否則怎麼編？第二比賽用的，評審要按標準訂出好不好。第三編代表一個時代或地區的詩集，如高準「中國大陸新詩評析」，標準更高（三萬首詩選一五〇首），可見其嚴。

「詩藝浩瀚」是本會自一九九四年成立以來，第五本會員選集，我們深感前人努力的辛苦真是難以形容，他們把江山打好，交到我們手哩，若吾輩僅能「守成」，不能交待的，對開山拓土的前輩不能交待，對「中國」也不能交待。若「守成」不成，反一代不如一代，更是何以見人？

爲甚麼說對「中國」也不能交待？畢竟我們頂著「中國」詩歌藝術「學會」的大帽子，何等的巨大、廣濶而崇高，我們的「學會」學了些甚麼？在「學界」地位又如何？都值得我們反省努力，此非理事長一人之事，是全體會員的大事。未來若有可能，除每年出版會員詩集外，也應出版能代表全中國或代表一個時代的選集，這才合於「中國詩歌藝術學會」這頂大帽子。我們所欠缺的是那一點「使命感」，大家一定會說：「錢在那裡？」當然，我只能說沒錢不能辦事，但錢在那裡？我說在「使命感」和「樂趣」裡，堂堂一個「中國」詩歌藝術學會，指望理事長一人經常性出錢維持，是不合理也是沒有發展性可言的。

我加入本會時間大約一年多，就聽到很多「鬪爭大戲」，大家如果能爲大局著想，那些鬥爭都是多餘的，如今誰輸誰贏呢？輸的輸了甚麼？贏的又贏了甚麼？中國自古以來分裂時代天下分「藍綠」兩邊，只有統獨鬥爭的須要，「統陣營」內不應再有鬥爭。即然大家都是「中國」詩歌藝術學會會員，必定認同「中國」這塊招牌，也不應在搞內鬥。

倒是這本詩集的六十六位詩人作品，可謂具備了司空图二十四詩品中之全部了。但我對關注大時代、心懷國家民族、具歷史正義而有春秋大義思想的作品，留下較深刻的印象。舉此類詩作之一小部分：

不迎春不悲秋／只想握有一支春秋之筆／撻伐天下貪腐不義之徒／寫出澄明光燦的篇章　　許運超「春秋」

創造「京奥」奇蹟並稱霸外太空／卻遮掩不了流失傳統中國人的心／中國的春秋榮光等待何時　　林靜助「中國春秋」

「砰！砰！／是槍聲？／有人／應聲　卻未落馬／仍洋洋一付自得　　金筑「悲

情・抓狂：319 槍擊案」

舉辦二〇〇八年奧運／展現中華文化的輝煌／我有幸　躬逢盛會，樂得／為之喝茶也樂得為之乾杯　王幻「為奧運聖火乾杯」

阿爸／我們家怎麼這樣窮？／家徒四壁，一窮二白／只剩下錢——／一箱箱，一袋袋／堆得像一座座山　瘦雲王牌「我們家窮的只剩下錢；擬陳至中給父親的一首詩」

這一隻碩鼠／曾經長期躲在／一座豪華穀倉裡／大吃大喝，且A走／一袋又一袋／黃金般上好的穀粒　台客「這一隻碩鼠」

大家總易誤解，說這類詩叫「政治詩」或「口號詩」，那文天祥、岳飛的詩大概都是口號詩了。在看「詩經・鄘風」相鼠篇：

相鼠有皮，人而無儀。
人而無儀，不死何為？
相鼠有齒，人而無止。
人而無止，不死何俟？
相鼠有禮，人而無禮。
人而無禮，胡不遄死？

這是四千年前我們老祖宗，春秋時代「鄘國」可能如今之台灣，鼠輩橫行，當時一個詩人的「春秋筆」，翻成現在的白話文：

看那老鼠有皮，做人反而沒有禮義廉恥。
人無禮義廉恥，不去死還活著做甚麼？
看那老鼠有齒，做人反而不之禮義廉恥。
人無禮義廉恥，不去死還要等到何時？
看那老鼠有禮，做人反而不知有體有格。
做人沒體沒格，不趕快去死尚待何時？

台客那隻「碩鼠」和詩經的「相鼠」，在寫作法上處在對比位置，都有同工之妙。台客那隻「碩鼠」是壞老鼠，詩經那隻「相鼠」是好老鼠，也可見當時鄘國政治社會多黑，人比鼠輩更低下。而現在的台灣（只鼠輩橫行那八年），人只不過同鼠輩。在台灣最強調詩人也應有史家、史筆功能的，是資深詩人謝輝煌老大哥，想必在座諸君定有人讀過謝老的此類作品。

我一直認爲今天的天下，還不像魏晉南北朝那樣亂，所以我們尙不須要放棄這個時代，而躲到山林中去放歌醉酒。或自絕於整個社會，乃至國家民族之外，自我建構一個純屬個人的理想國，在裡面浪漫、唯美，均大可不必，中國正在崛起，詩人大有可爲，用你的筆把國家推向統一，雖只小小的綿薄之力，但「一粒米的功德大過一座山」。而「一支筆勝過一個艦隊」（「海權論」作者馬漢之言，李德哈達、克勞塞維茨有相同之言……）

拿起你的筆，批判貪腐，維護歷史和社會公義，記錄這個時代，也記錄自己。寫本文只有一個晚上可用，只能說是一點粗淺的雜感。陳福成二〇〇九年六月廿一日台北蟾蜍山萬盛草堂。

註：《詩藝浩瀚》，台北，文史哲出版社，二〇〇九年六月。是「中國詩歌藝術學會」會員作品集。

與大夫先生談「你是中國人嗎？」

新文壇十九期（99年7月出版），有一位叫「大夫」的作者，以「你是中國人嗎？」擬出十個問題（都合中國傳統文化習俗有關），聲明在未經查閱典籍和請教高明之前，能答對六題以上者，算是及格。其言下之意，應是答對六題以上才是「中國人」。

事實上我在第一眼印象就知道其中八題的正確答案，但我非爲紀念品，故也不出示答案。我之要和這位「大夫」談的，是不是中國人？不能以這十種問題（見該期頁七三—七四）判定，原因很簡單，就以目前台灣主張台獨的人，相信也有很多很有學問、有知識的人（尤以六十歲以上），能答對六題以上不難，甚至達到全對，但他們聲稱「是台灣人、不是中國人」。在台灣如此定位自己屬性的，除台獨份子外，還有自由時報系統、長老教會和台灣教授協會成員等。

但是，說來也神奇！那些自稱不是中國人的人，身體所有特徵（黑頭髮、黑眼珠、黃皮膚），生活習慣（食衣住行、所拜的神、節慶方式……），乃至血管中流的血也是炎黃血脈，祖宗八代、九代……都是中華民族的一部分。但他硬說自己不是中國人，怪不怪？但也說明從人種、血緣來說「是不是中國人？」也不準，當然就不能作爲判定標準了。

到底怎樣才叫「中國人」！孔子以降二千五百年來，這始終是一個熱門議題，孔子主張以文化爲標準來決定「中國」與「非中國」的問題，在「論語」一書有四種意見：

第一、夷狄不如中國而外之，「微管仲，吾將被髮左衽矣。」

第二、夷狄可同化，「子欲居九夷。或曰，陋，如之何。子曰，君子居之，何陋之有。」

第三、夷夏殊而同理，「居處恭，執事敬，與人忠，雖夷狄不可棄也。」、「言忠信，行篤敬，雖蠻貊之邦行矣。」

第四、夷狄可能優於中國，「夷狄之有君，不如諸夏之亡也。」

所以孔子所期待的「中國」，是一個「文化中國」，以文化爲標準。用現代數語叫「文化認同」，認同中華文化者才能叫「中國人」。孔子另一個決定中國與非中國的標準是「春秋大義」，其內涵不外「大一統、仁政、廉政」，春秋三傳都在闡述這些思想，孟子甚至說：「孔子成春秋，而亂臣賊子懼。」。間接可解釋成「搞分裂、暴政、貪腐」，都是「非中國」的，都是「亂臣賊子」。證之吾國歷史，倒也算準，凡是搞分裂、暴政和貪腐的亂臣賊子，大概都是暫時的、短暫的，因爲不久被人民推翻了。

孔子的「文化認同」和「春秋大義」，成爲中國幾千年來歷史發展的主流，依據這兩個標準，中國才得以永久立於世界，地球上才會有「中國人」。反之，假設所有中國人（炎黃血統及文化人同），若慢慢的成了美國人、日本人、英國人、台灣人……沒有一人肯承認自己是中國人，那麼世界上不會有「中國」的存在，當然就沒有「中國人」。

但若是人類學鑑定或法律判定，這又是不同的答案。這就不是自己承不承認的問題，客觀證據的科學鑑定，賴都賴不了。

中國自古以來，以中華文化爲判定「中國」與「非中國」的標準，產生強大的自然同化力量。如古代的夷狄、蒙古和滿清，初期都被認定是「異族」、是「非中國」與「非中國人」，現在全同化成中國人了。

中國歷史上還有一種「自然革命」的力量，任何政權若成爲「非中國」，即失去「中華文化認同」和「春秋大義」，元末和清末很類似，而毛澤東時代的「共產中國」（或叫馬列中國）和現在的台獨，則是典型的非中國。這些「去中國」和「非中國」屬性的政權，都難以維持，即短暫就需要回頭向中國「問路」。

是不是中國人？除前面基本論述尚有特別原因。例如一八九五年台灣割給日本，台灣人一夜之間成了「非中國人」，失去了祖國。但也不是日本人，所以那時的台灣人叫「三腳仔」，誰知道何謂「三腳仔」？

以上淺見就教大夫，並請指正。

我新交一個「老」文友：柴扉先生

老友台客轉寄兩本散文集給我，「蘭花盛開時」和「認識蒙娜麗莎」，作者都是一個叫「柴扉」的作家。在台灣文壇上，這位先生我似有印象，當下也把自己的「寶貝」快快寄給人家。

柴扉先生這兩本散文集，封面美麗鮮豔，很是吸引人，我先就有心無心的，閒適的，翻翻書中不少家族彩色照片。發現先生應合中國傳統社會「幸福美滿」的條件：書香傳家、成家立業、兒孫滿堂、含飴弄孫。且四者缺一不可，如「兒孫滿堂」，但半在英國，半在美國，都是一些「外國人」了，雖兒孫滿堂，也是天大的遺憾。吾有一長輩便是如此，年老仍堅守「房子」，成爲社服單位必須定期訪視的「獨居老人」（但他確實有兒有孫、在國外），有親戚去看看關心，他搖頭掉淚說：「把田產賣了供小孩都去留洋，全錯了！」

唉！對錯難說的準，小孩認爲是對的。我不過看柴扉先生的幸福美滿「意象」，想起一些事，筆隨心走，便筆之於書。

在這兩本書的序中，柴扉先寫到自己的寫作經驗，初中他作文就寫的很好，這點我和他相近，我初中（台中東工）也是常在校刊發表作品，甚至爲校刊寫「社論」，培養我一生寫作、寫筆記和讀書習慣。

柴扉也說，「靈感之來，全在平時蓄積」「平常沒有積蓄，何來銀行存款？」我很認同，所謂「靈感、創意」，決非無中生有，空穴來風，萬事萬物必有因，寫作亦然。先生的經驗是一種「真理」領悟，也悟出古今中外文學家論述的一種「簡單」道理，所有真理都是簡易單純的。例如杜甫講「讀書破萬卷，下筆如有神。」如此的簡單，惟「知易行難」，誰能去力行實踐？只有用恆心、決心培養興趣，進而使讀書、寫作成爲習慣（慣性）。

我想柴扉先生便是這樣一位有恆的力行實踐者，他提到：雖年近八旬，仍視閱讀寫作爲個人生活重心。只要腦筋還可以用，就要不停地寫。——「一息尚存，永矢弗諼。」天啊！我和他竟有許多相同處，我在心中默默感謝台客推介這位朋友（原因我尚未知）。書還沒有翻幾頁，已有一種「感覺」，這位「老」文友雖非當代文壇之天王，至少我會把他當「粉絲」。不管誰是誰的粉絲！對我而言，我和這位年長的作家可算是「志同道合」了。因爲他在書中寫著「軍校畢業後，服務部隊未久……」想必我們又同樣出身黃埔，我更應該稱他「大學長」或「革命前輩」吧！

我看基本資料寫著：柴扉，本名柴世彝，湖北省蘄春縣人，退休國中教師，寫作四十餘年出版著作十一本。讓我想到我初中國文老師丘謙，黃埔十三期的老大哥，當時部隊來台時轉任教職，柴扉先生可能也是。許多有軍校背景的老兵，文壇表現比「軍壇」更亮麗出色，如台北的墨人，如柴扉先生，多麼讓人敬佩！

在柴扉「認識夢娜麗莎」這本書中，有一篇「弔古戰場滑鐵盧與沈思」，寫的是法國拿破崙戰史的簡史，又觸動我二十多年前的「敏感地帶」，當時我的興趣重點在「軍事戰略與戰史」領域，拿破崙正是我崇拜的西方戰史「六大名將」之一。另五名將是亞歷山大帝、漢尼拔、凱薩、古斯托夫和菲特烈大帝。拿破崙最後雖戰敗，仍未動搖他「戰神」的歷史地位，這在東西方似有相同之處，如我國孔明、鄭成功和蔣介石，他們生前的統一大業都沒有成功，但歷史地位毫不動搖。這些與詩刊性質不同，故不述。未來也許有機緣碰到這位老大哥，必向他請益戰爭原理。

對柴扉老大哥我倒有一點可以建議，他的手稿之多，差不多及腰，有「金蘋果」天價也不割愛，這是當然。但可捐給图書館收藏，大約一年多前，我也在整理自己寫作四十年的手稿，整整大約兩人高，我已全捐給台大图書館（該館有一政策，設一專門典藏室，專收藏本校老一輩教職員的寫作手稿。）。祝福我新交的「老」文友、老大哥柴扉先生。另附他兩本新著資料：

《藍花盛開時》，台中文學街出版社，民94年。

《認識蒙娜麗莎》，台中偉霖文化公司，民98年。

讀瘦雲王牌「雜文雜說」劄記

提起台灣乃至兩岸的當代文壇詩界，瘦雲王牌（本名王志濂）這名號，雖未能像余光中等天王級之如雷灌耳。但賞讀其作品（詩、散文、小說、歌、曲等），檢視他在文壇耕耘及受重視程度，也絕對是一位「次天王」級的作家。

本文賞讀這本「雜文雜說」是王牌許多作品之一，民國七十九年七月出版（文史哲出版社），一版再版，如今（民99年9月）又再版，真是一本永不過時的好書。只有「歷史」永不過時，他謙稱是雜文雜說，我讀起來十足像一本「台灣文壇近現代詩話」。舉凡當代藝術創作領域（詩、書、畫等）名家，無不在這本書裡鮮活了起來，如公孫嬿、無名氏、覃子豪、葉醉白、李莎、趙無極、楚戈、艾旗、龍應台、楊漢宗、黃錦星、王王孫、胡昌熾、許海欽、涂靜怡……少說百餘人，都在王牌筆下再詮釋、再定位。王牌說「雜」，其實不雜，寫的都是文壇人事，說來很純的。

「雜文雜說」在寫作方法（或風格吧）上，頗多「夸飾」技巧的運用，如「白髮三千丈」、「黃河之水天上來」，你不會覺得作者「騙死人不償命」，讓你邊讀邊笑到從椅子上跌落地板。例如在「公孫嬿——我的朋友」一文，寫民國四十一他任職五十二軍（軍長劉玉章將軍）砲兵營測量官，大約相同時間營裡來了一位少校軍官，名叫查顯琳任職營附。王牌不知道他是何方神聖，沒把他放心上，因營附是閒差職，王牌是測量官，雖較低階但有實權。

有一回，王牌向弟兄大吹法螺說，甚麼孟瑤、張秀亞、郭良蕙、林海音、蘇雪林、蕭傳文、墨人、陳紀瀅、張道籓、王平陵、穆中南、紀弦、蓉子、羅門、鍾雷、李莎等名家，全是「我王牌王某人的好朋友」……文學會議也常碰面等等，加油添醋，唬得弟兄們一個個一楞一楞的，欣羨不已！

如此這般，弟兄們都以為王牌是大作家、大詩人。某日，王牌又如法炮製，對一群弟兄大吹其牛。突有一弟兄問：「你認識公孫嬿嗎？」，王牌答：「公孫嬿？只算無名小卒」又有人問：「公孫嬿是男是女？」王牌不耐煩的說當然是女的，這還用問嗎？

正在此時，那名叫查顯琳的營附由外面回來，聽到王牌正在瞎掰，順就問：「你認識公孫嬿嗎？」，讀者看倌你說，王牌能答個「不認識」嗎？……查營附微笑請王牌到臥室聊聊，他隨便應了一聲，繼續吹下去。

到查營附房間，閒聊一下，王牌翻著桌上的書報。查附營給他兩本書，「海的十年祭」和「香箋淚」，也隨手翻著，翻到底頁，忽然發現作者簡介寫幾句：「公孫嬿，本名查顯琳，河北人，現任某部少校……」

頓時王牌，一陣熱血上衝，這一驚非同小可，眼前這位少校營附查顯琳就是公孫嬿……許久，王牌楞著，尷尬極了！

在「虔誠的懺悔」，王牌化身叫「胡二虎」，官拜陸軍中士，專長是酗酒、賭博和鬧事，是連上的大爺兼風雲人物，連上長官都要讓胡二虎三分。逢年過節更是胡二虎表現的機會，一手拿酒瓶，一手端大碗，到各桌找人打通關，當然他們都成了胡大爺的手下敗將……酒足飯飽後的餘興節目，就是開吉甫車出去，哈哈！會有甚麼趣事要發生呢？……

就這樣，王牌寫那些半個世紀前部隊的生活，詩人作家趣事（老一輩做家很多出身軍旅），不僅加油添醋，運用文學上的夸飾張力，再加上二分詼啁，三分戲謔。讀之，真的笑到從椅子上跌到地板上，吃飯看，坐馬桶亦看。這是作者的功力使然！

經我轉引再述，那效果低了很多，何況小小一篇心得，也只能點到爲止。

本書有一短文淺談李莎的「鴿群」——給無名氏，正引我興趣，因我最近（二〇一〇年八月）才去看過無名氏。說起無名氏，四十年前我讀初中就看他的兩本名著，「塔裡的女人」和「北極風情畫」，那時無名氏是誰？根本是個天大的秘密。現在只要自認與文壇有一點點聯繫，大家都知道無名氏是何許人！我不必贅文了。

無名氏已過逝幾年了，早在西方極樂世界聽經聞法（骨灰放佛光山地藏殿），爲何我說才去看過無名氏？因緣於今（二〇一〇）年八月十七到二十日，我到高雄佛光山參加佛學研究營。老友出版家亦是文史哲出版社老闆彭正雄先生，叮嚀我代替他到佛光山地藏殿拜他老友無名氏，原來無名氏晚年生活困苦，彭老闆常出面接濟，連後事也幫忙辦了，還有佛光山這種人間寶地可以常住，真是福氣！

我在佛光山的課每天滿滿，根本沒時間去看無名氏。只得有一天大早七點多，約數位好友一同到地藏殿，卻因時間未到地藏殿未開門，一行人在門外照相，也算到了無名氏「住」的地方，回台北好向彭正雄先生覆命。（小註：無名氏身後很多書已委由文史哲出版社出版。）

話頭回到王牌那篇淺談李莎的「鴿群」，這是一首一句詩：

鴿群——給無名氏

突破塔影乃有擊不落的鴿群

李　莎

李莎這首一句詩，核心意象指直無名氏的生命歷程和文學生命的層次，王牌有三點解讀，論述確實精準。尤其明顯的，「塔」指的是無名氏名著「塔裡的女人」，一個人終生困在一座塔中，不能脫困，確是悲劇。李莎和王牌都希望無名氏能「突破塔影」，似乎如此，人生才能更美好，但我卻有不同看法。

當人生更美好，日子越來越好過，純酒女人洋房汽車樣樣不缺時，作品便不好了，甚至寫不出作品來。讓人處於困境、黑牢的「塔」裡，生死兩難時，創作必臻上乘。還有，悲劇比喜劇更能感動人，歷史上（中外）的不朽之作，大多是悲劇，有幾部喜劇？我近讀張愛玲的「雷峯塔」亦然，她一生困於那座塔中，身心受磨，才磨出上乘之作；若她早已從雷峯塔中脫困，也就早已和那些「少奶奶」一樣，逛百貨公司、泡湯去了，何來作品？

王牌這本「雜文雜說」有長短散文四十三篇，另附錄有戴奔、商禽、楊雄武、畢加、詩薇、白丁、林錫嘉等多篇中肯的評文，更彰顯「王牌風格」：

第一、誇張夸飾、幽默風趣：把自己經歷的人事、作品，幾以「無限上綱」手法夸飾，讓人笑到從椅子上跌落到地板，如「虔誠的懺悔」、「公孫嬿——我的朋友」、「糊塗傻瓜一大呆」等都是。

第二、不擦脂粉、直指真相：展示王牌赤膽忠心的英雄本色，亦革命軍人本色也，如「訪天馬畫派宗師葉醉白將軍」、「淺讀趙無極的現代畫」、「給龍應台教授的一封信」讀後、「金石大師王王孫訪談錄」等，都是「看到甚麼說甚麼」！

第三、風趣之外、正經八百：本書諸多作品，看似嘻笑怒罵於外，其實深思之，那是一種「餌」，吸引讀者捧讀而已。看他行文論述卻是很正經的，不論談文學、書畫、金石、戲劇，或寫任何人物對像，都是正經的，從頭到尾找不到那一篇是「不正經」的！

以上三點是王牌這本「雜文雜說」的現象與本質，是特有的「王牌風格」。

此外，王牌亦有真情之作，我寫得亦快落下男兒淚。那篇「揩拭不掉的眼淚」，他得知在大陸的父母過逝，在台北市十普寺爲父母供奉一個靈位，率妻兒跪在靈前，「待等梵音響起，驟然覺得父母已真正棄我而去，從此幽冥永隔，永難相見，自己已是人世孤兒了。一時喉哽鼻酸，心浮氣塞，不禁悲從中來，淚水奪框而出……」

還有那篇「無端淪爲商人婦」，「記憶中，妻的身材嬌小，滿頭烏絲……二十一年家務操勞……」

很多作家都說，作家只是寫他身邊或他經歷過的事。似乎如此，這本雜文雜說每篇都是王牌人生戰場上，曾經親身見證過。大家都寫同樣的人事，但要寫的深入感人，吸引眾多讀者並不容易，王牌有這功力。

王牌在書的封內首頁，稱「一個小人物遊走大時代的部份聲音與足跡」，謙稱自己「非作家、非詩人；非音樂、作曲家；非藝術、評論——」，我相信人不是全方位都能的。但身爲一個軍人出身，有這麼多著作問世，其詩其歌經名作曲家李中和譜曲，不知有多少?可另見他的「歌詞與朗誦詩」一書。

像這樣的「文武兼備」軍人作家，能開公司又辦出版社，在當代確實極少見。甚至是獨特的，只此一家，別無分號的「王牌風格」。陳福成　二〇一〇年秋草於台北公館蟾蜍山萬盛草堂。

讀瘦雲王牌「雜詩雜吟」劄記

「雜詩雜吟」一書，是瘦雲王牌的大著「三雜」之一，所謂「三雜」者，乃「雜詩雜吟」、「雜文雜說」及「歌詞與朗誦詩」。三本書都在民國七十九年，由文史哲出版社發行出版，多年來一版再版，可見是廣受歡迎的一套大書。

王牌爲我軍校老大哥（他民38畢業、我64年畢業），我們都還有很多共同處，我們同是砲兵軍官，他在書中提到金馬戰地多處也是我曾經駐守的戰區；所不同者，我們戰區大小不同，我的戰區約是旅級的作戰正面，王牌則至少是軍團戰區以上。不信看「雜詩雜吟」一書，他曾經揮師的戰場有蘇北、魯東、大別山、華中、海南島、及金門「九三」砲戰等，從他作品的多元豐富（他謙稱是雜），就知道王牌大哥走過大江南北，有豐富的人生經歷。

王牌大哥電令寫評論，我那夠格！寫心得雜記也「劄」一下倒是可以。我把「三雜」

列爲二〇一〇年冬到明春的讀書計畫，總要先讀才有心得。本文先就「雜詩雜吟」，談一點個人感想。

「雜詩雜吟」（文史哲，民99年9月再版），全書分五輯一五三首詩作（含童詩），及附錄有五位當代詩壇重量級名詩人評論，分別是詩薇、汪洋萍、白丁、文曉村和台客。還有當代小說家兼著名詩人墨人先生提序，都是對本書的肯定與增彩。

第一輯「戰歌戀曲」大多在金門戰地的作品，最能觸動我的回憶，也最能與我產生共鳴，因我三度金門（民64、73、78年），約在大小金門駐守五年。許多軍人出生的作家都知道，長年駐在戰地超級無聊，於是「把馬子」、「泡迷思」以刺激靈感，情詩等各類作品便泉湧而出。如本輯的「你的眼睛」、「思念」、「寂寞的島」、「墓地」、「太平間」等，都很有戰地味道，其中「墓地」和「太平間」兩首更有鮮明的意象，具象和形象之美，很有震撼力。讀「墓地」的第一段：

白色的
齒齒
齒齒

齒齒
白色的

讀者看這是怎樣的具象，墓地裡一塊塊墓碑，也是死神的牙齒。駐守金門時，我有兩年住「武揚坑道」（政三、政四），晚餐後常在旁邊不遠的太武山公墓散步，那感覺如這首詩第二段「眦咧著／張露著／白色墓碑的牙齒」原來詩人把死神「人形化」了，也還是怕怕。另一首「太平間」也是相同手法處理的詩，只看第一段：

沉默而冰冷的門
門門
門門
門，冰冷而沉默

這雖是詩的第一段，原詩有標點，但似可自成獨立的一首詩，意象具象都鮮明，字的排列正好是門字，這沉默的門已說明了一切。

第一輯作品是王牌最早之力作，其他如「橋」由羅青英譯，「蓓蕾」和「愛情」由名作曲家李中和譜曲，詩歌同款，可見王牌作品有看頭；而能譜成曲的，在詩人中並不常見（如余光中、台客的詩曾譜曲歌唱）。

第二輯有詩二十多首，是王牌中年後之作。人到中年思鄉更切，「鄉愁」(一)的第一段：「昨夜／思維偶一伸手／不想竟招惹來鄉愁／在枕邊／吵鬧了一夜」，真是神來之筆。其他如「家書」、「消息」、「香江的霧」、「38度線」、「歸鄉與探親」、「大陸，我的母親」等，都是感人之作，也是近代史之見證。倒是「高速公路的終點」英譯，我有一點點疑惑，先讀王牌的中文：

事情，錯了
可以重作

路，到了終點
可以回頭

生命的道路呢？

這是一首五行分三段的小詩，從中文看真是一首精減而富深意的詩，很能引人反思，而結構密實完整。這首詩的英譯是胡品清教授（已逝），發表在民國七十二年「中國風」第三期：

At the end of
The road
You can turn back

The wrong
Things
Can be undone

What about

The end of life?

這首詩不論中文、英文，用字都簡單明白，沒有生字，不須查字典，但我對英譯有三點疑惑，一者英譯爲何要把原詩一、二段對調？我看不出有需要對調的理由，二者中文五行，英譯變八行，平白無故多出三行，豈不「複雜化」了，似違反「信達雅」三原則。三者「undone」在中文是「未完成」之意，與王牌的詩「重作」，不僅有了距離，似已非原詩之意了。

胡品清教授（留法的）乃當代名家，吾人並非懷疑她的學問，而是我自己的懷疑。民國以來的大學問家每每期許國人，做學問要有懷疑精神，才能不斷進步。我提出疑惑，或許有更高明者爲我解惑！

第三輯詩魂詩人有詩廿三首，寫古今詩人，這類詩的難處在於「抓得住」所寫對象的核心思維，抓得准其人其詩之風格形像，愈準愈佳。王牌可謂抓得「神準」，以下論證之：

「蒲團——記羅門，蓉子燈屋」，「一室寂然，諸神環坐／傾耳／有蝶翅偏偏／翩翩，且迴旋……」約一年多前，我和詩人吳明興、方飛白、范楊松等，夜訪羅門，在燈屋談詩飲茶，那場景，超後現代的……

「以筆作劍的涂靜怡」，「編織不過一抹彩虹／經營的也僅僅一泓秋水／一揚手，卻灑成滿天彩霞／一開闔，即成滾滾奔騰的江河」。簡潔的四行，已說盡涂靜怡一生的豐功詩業，使她在歷史有了定位。

「中國唐．吉柯德——側寫詩人文曉村」，「在晦澀、怪誕的巨靈撲殺而來的時代／你，不自量力／用一柄小小的解剖刀／獨自與牠決鬥／千萬雙冷眼……」現在「健康、明朗」已成詩壇主流，而「中國」崛起已是必然，未來二百年中國會是世界的領頭羊，不寫中國詩，要寫甚麼詩？捨此，你無處可去，無詩可寫！不信者，可去試試！

「站在孤峯上的麥穗」，「……終於，三十五載孕育煎熬／春天開始抽枝發芽，於是／你忙著喚醒詩的白鴿，一隻隻／飛繞在孤峯四週／歌唱在山林和／人間」，這是「森林詩人」麥穗，他是三月詩會十八年前的創會者，從未間斷與會，且目前仍是會員。

本輯詩寫對象，還有「祭屈原」、「壽紀絃」、「速寫詩人羊令野」，以及古丁、鄧禹平、施明正、李林子、王舒、朱學恕、向明、余光中、鐘鼎文、墨人、鍾雷、琴川、藍海文和葡萄園全體詩人等。其詩如傳，真是省時省事很多。

第四輯有花鳥魚詩作四十一首，針對自然界人以外的眾生，各有特質和形象，賦以鮮明深刻的詩意，實在是觀察入微。惟本輯「珠」和「木魚」在性質上，非花蟲魚（生物）範圍，但詩人給它生命和感情，如「珠」：

兩顆沙粒
睡在愛的貝殼裡
千年後醒來
已化作人間的淚

「珠」是真珠，也叫珍珠，它本來只是沙粒，偶然（現在都人工植入）進入貝殼類體內，若干時間後成珠子。當然不須要千年，「已化作人間的淚」是全詩的精「神」所在，因爲「淚」是人們情感最深刻的表達，不論高興或悲傷的淚都是刻骨的，銘心恆久的。那首「木魚」我另有看法，讀其全詩：

自出生那天起／注定了被敲打的命運／經過數十年敲打，且敲得滿身通紅／就是敲不出一句偈，或／一聲佛
森林，早已夢斷／根，無處可尋／所以，我只有蹲伏案頭／咧著嘴忍受敲打／日

日夜夜／半守青燈

這首詩一般解成殉道精神或人生的悲苦無奈，或廣大人民群眾的無力感等，可見書後白丁和文曉存的解讀。但我解成那個時代（詩寫於一九八〇年代），台灣人的共同苦悶，尤以大陸來台的老兵「根，無處可尋」，苦悶啊！

第五輯「我將在戰」，含童詩共二十五首。約作於民七十六、七十七年間作品，此時已開放探親，詩人也已回過故鄉，賺人熱淚感人心肝的詩作，如「故鄉！您在那裡？」、「故鄉的一朵雲」，都叫人心痛，這時代多麼讓人無奈！還是詩人有趣又幽默的幾首「頭暈」詩吧！讀起來幽默，其實彰顯詩人的功力呢！

誰知，七十五年那一場拳賽／一個不小心／竟然被對手／擊倒在地，久久不能動彈。

采聲戛然而止，觀眾四散而去／留下我躺在拳賽臺上／泣血椎心，疲憊不堪／突然，空寂中傳來熟悉的「敬禮」／如春雷乍響，又激起我底鬥志、豪氣萬千／想起過去的赫赫戰績，乃一躍而起……

王牌有頭暈症，五十八歲曾暈倒送醫，王牌說這是他人生戰場的第一次挫敗，上面所引就是他寫這次經驗，題名「我將在戰：覆詩人師薇小姐」中的一段。王牌其實不是參加拳擊賽，我相信他也不會拳擊，只是一種文藝創作的比喻，真是幽默又有趣味。由此，也見詩人在處理素材的風格和創意，我所認識的王牌大哥向來很有創意，否則他不會開「王牌茶葉蛋公司」（見書中照片）。

相同的頭暈經驗，「我是不敗的拳擊手」寫成了朗讀詩，「我的頭暈症」寫成圖像詩。套句四川人常說的：「怪怪！王牌，硬是要地！」

確實，王牌一生及多元角色，是戰士也是詩人，是企業經營者（他開過二種公司），也是文化事業出版人（開過出版社），是藝人成功諮商者（寫過歌星成功之路）。但我以爲，他現在是個打不敗的拳擊手，詩人而仍有革命軍人的本色，我亦向他「敬禮」。（敬禮是一首詩薇送王牌的詩）

附記：瘦雲王牌，本名王志濂。瘦雲王牌、王牌、詩音、艾味，均爲筆名。湖北廣濟人，民國十八年生，爲我三十八年班之黃埔老大哥。

讀瘦雲王牌「歌詞與朗誦詩」（雜詞雜曲）箚記

瘦雲王牌老大哥這本「歌詞與朗誦詩」（雜詞雜曲），可謂是二十世紀下半葉「中國大歷史」之組曲。讀著，那一幕幕血淋淋的歷史重現眼前。民國四十三年發表在現代詩冬季號，題名「砲彈——九三砲戰紀實」的第一段：

看見了麼／這背著真理十字架飛過去的／大無畏的殉道者／聽見了麼／這喊著殺聲衝過去的／決戰的砲彈

王牌的原詩有標點，我略了。四十四年發表的另一首「十月的呼喚——四十四年雙十節作於小金門龍骨山」，曾入選四十六年第一本新詩選集「中國詩選」，讀其中的一段：

呵呵！快給我戰馬，快給我長槍／快給我舢板，快給我兩陽（海軍漢陽、咸陽兩鑑）／我要從來時的路上回去／回到哺育我的土地上／親一親久違的故園泥土／吻一吻家門口那株蒼鬱的白楊／看童年小戀人的髮辮是否無恙／或倒在母親的懷裡痛哭一場／這樣／我縱或不幸戰死／也勝過在這裡忍辱流亡

這是王牌的朗誦詩，那個大時代的許多悲劇至今仍叫我們難以理解，但可以理解的是詩人的忠誠和真情，只是詩人爲何要把「詩」和「朗誦詩」區隔？二十年前爲本書寫序的鍾雷，在序文中說「朗誦詩」一詞雖起於近世，而它的本身依然是詩。我個人亦始終將朗誦詩，等同詩來欣賞。

王牌這本「雜詞雜曲」事實上以「歌」爲主，王牌常謙稱自己學文不成，事實上他的詩、歌、散文、小說都很了得，有自己獨特風格。本書中的歌曲，我略微歸納有兩種：

第一、詞和曲都是瘦雲王牌所做：

「染血的野百合」、「迎王師」、「歌唱美麗篷瀛」、「我是壓不死的中國魂」、

「風雨同舟曲」、「金門頌」、「吹鼓手之歌」、「美好人生靠創造」、「今之荊軻」、「他是大家的卜派」、「千萬人吾獨往」、「葉醉白天馬讚」、「請你來到我的夢中」、「秋箋」、「蛻」、「世界華人詩人協會會歌」、「河堤我的家」；以及「跪禱」（修譜、填詞：王牌；大愛合唱團演唱）。

第二一、瘦雲王牌與別人合作：

「毆豪年卅年創作展」（詞：龍冠軍；曲：王牌）。

「蓓蕾」（詩：王牌；曲：李中和）。

「愛情」（詩：王牌；曲：李中和）。

「一籃春光」（詩：王牌；曲：李中和）。

「怒吼吧！中國」（詩：王牌；曲：龍冠軍）。

「都會風采」（詞：無名氏；曲：王牌）。

「雲和月」（詩：紀絃；曲：王牌）。

「還我釣魚台」（詞：紀絃；曲：王牌）。

從以上這些作品，就能窺知王牌「肚子裡有多少東西」。他能詩能文能曲，能和他合作者盡是當代名家，如名音樂家李中和、名小說家無名氏、名詩人紀絃等。尤其李中和作品，我從小唱到大，有些軍歌在校時（七年）簡直天天唱，從早唱到晚，就寢前再唱一回才上牀。李中和能爲王牌的詩譜曲，表示王牌的作品距大師並不遠。爲回憶並進一步也了解李中和，列舉李中和部分作品如下：

「總統蔣公紀念歌」（曲：李中和；詞：張齡）。

「軍紀歌」（曲：李中和；詞：何志浩）。

「戰場四要」（曲：李中和；詞：何志浩）。

「斬斷敵人的魔手」（曲：李中和；詞：王啓作）。

「鐵的戰士和將領」（曲：李中和；詞：蔣中正）。

「誓死拼到底」（詞、曲：李中和）。

「革命青年」（曲：李中和；詞：何逸夫）。

「三軍聯合總反攻」（曲：李中和；詞：黃河）。

「反共自由歌」（曲：李中和；詞：鍾雷）。

「光明的國土」（曲：李中和；詞：西班牙加馬卻）。

我素來知道王牌大哥對寫歌也在行，塡詞作曲都難不倒他。反貪倒扁時，他塡詞的

「新滿江紅」曾由大愛合唱團演唱，也產生相當程度的「軟實力」效果。可惜王牌出本書時，未將「新滿江紅」收錄，也許軼佚，或者老大哥忘了。幸好，我保有他的作品，一併收在本文，以後他的「三雜」再版，定將這曲收入。日前坊間流通的「滿江紅」歌有三款，加王牌的共四種。

「滿江紅」不論那一曲，必充分彰顯春秋大義之民族精神。如王牌這首「新滿江紅」後幾句：

反貪腐，行天道，四方豪傑會凱道。
仗劍起，仰天嘯，斬魔除妖，百萬劍如龍騰日月，聲聲龍吟滅貪朝，快俯首下台跪國人，進天牢。

也真巧，我正在寫本文時，陳水扁和吳

新滿江紅

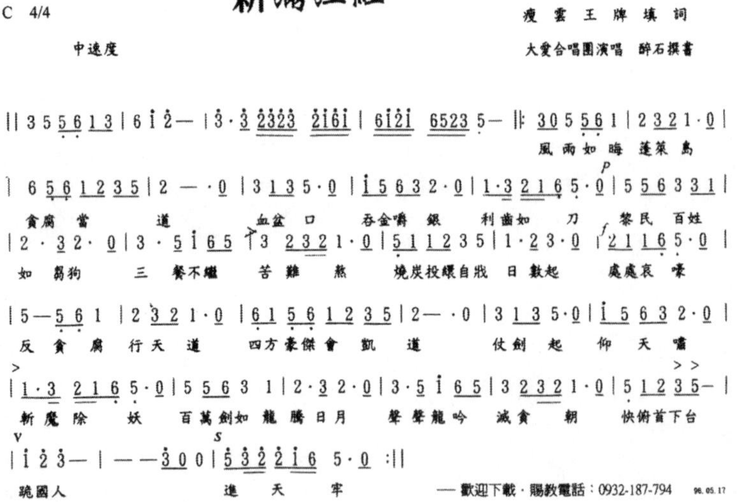

C 4/4　　　瘦雲王牌填詞

中速度　　　大愛合唱團演唱　醉石撰書

風雨如晦　蓬萊島
貪腐當道　血盆口　吞金嚼銀　利齒如刀　黎民百姓
如芻狗　三餐不繼　苦難熬　燒炭投繯自戕　日數起　處處哀嚎
反貪腐　行天道　四方豪傑會凱道　仗劍起　仰天嘯
斬魔除妖　百萬劍如龍騰日月　聲聲龍吟　滅貪朝　快俯首下台
跪國人　進天牢

— 歡迎下載・賜教電話：0932-187-794　96.05.17

淑珍的家族大貪污案，判決定讞要進天牢度餘生，真是天道彰顯啊！痛快！他們的兒子陳致中喊著是「政治迫害」，真是良知良能都給狗吃了，洗錢多少億？沒罪嗎？

到底是誰毀了陳水扁一家人？用我的春秋筆說話，是中華文化中的春秋大義精神毀滅貪腐妖魔。所謂「孔子成春秋而亂臣賊子懼」，搞分離主義必陷貪腐，必成篡竊偷盜者，都是走向死路或進天牢，在此一領域中，中國歷史沒有例外。

王牌這本「歌詞與朗誦詩」，多的是他個人身經大時代的見證和批判，尤其以身爲一個中國人，無怨無悔的熱愛自己的國家民族，頌揚中華文化，批判貪腐之作品。另外有幾首柔情浪漫的歌，如「蓓蕾」（李中和作曲、王牌作詩）：

> 是一位聰明美麗的姑娘／將我心園中的一朵蓓蕾／點亮／從此我生命之樹／不再寂寞／我生活的世界一不再荒涼／／雖然現實的風雨不停地吹襲／但我心園中的花朵卻愈加芬芳／因為它是一朵最美的奇葩／無人能代它在我心園中生長

其實王牌也是一個多情的男人，他封稱太太爲「全權大臣」，可見他倆伉儷情深；他又封兒女爲「大臣」，如第一大臣、第二大臣等，他又出版過「歌星成功之路」，開過「王牌茶葉蛋公司」，說來他也是個傳奇的詩人，浪漫的男人。

王牌也算是個成功的商人，曾受聘國際玻璃纖維公司、青祥企業等八家公司高級顧問，他所設計的保溫鍋獲國家優良產品及優良廠商獎。他熱心公益服務，獲「最佳獅子精神獎」（台北市南門獅子會會長李泳盛於民78年頒獎）。因此，我研究王牌這位老大哥，很難爲他做適當的定位，詩人、商人、小說家、散文寫手、作曲家……於是，我用無名氏爲王牌這本「歌詞與朗誦詩」寫評文的話，對王牌這個人做較適宜之詮釋：

> 此次瘦雲王牌登門邀撰類似序跋的書評，我所以允諾，主要是欣賞他為人具有正義感。審度進數年台灣現況，我依舊要肯定六十年前魯迅在北京說過的兩句話：現在「重要的是做人，不是做文。」我和王先生平日並無往來，僅聚會過數次，但他那腔愛國熱情，我是知道的……中華民族的倫理精神境界，又將呈現怎樣一幅新氣象！

文藝界都知道無名氏素不寫序跋，他的著作流行兩岸乃至全華人社會半個多世紀，無隻字序跋，但他破例爲王牌這本「歌詞與朗誦詩」寫跋文，原來是王牌爲人處世的正義感打動了他。而連結起王牌和無名氏的核心思想，成爲二人之共同核心思想（共同史觀，共同價値標準），則是魯迅那句話：「重要的是做人，不是做文。」

無名氏引魯迅的話爲王牌這本書作註腳，已經總結了王牌的「三雜」，更總結了王牌這個人。這和我近幾年來也寫不少作品，呼籲台灣文壇以「春秋大義」爲標準，評量詩人及其作品，正不謀而合。

否則，卻有人能寫詩（如路寒袖者），又一面參與篡竊偷盜集團、貪污腐敗者，明搞台獨，暗洗錢，因能寫幾首詩，便稱爲詩人。如此之文壇，等同篡竊者之外圍，寫詩不過是鬥爭之一種形式，或取悅主人的「政治工作」，若將此等之人也叫「詩人」，則秦檜、王精衛等奸臣漢奸，他們的詩是真的「功力到家」，有「大師級」的水平，就稱他們是大詩人，乃至詩聖、詩仙，人間還有正義否？中國社會還要不要往下走？廿一世紀還是不是中國人的世紀？

也幸好？放眼當代中國文壇詩界，包含大陸、港澳和台灣，像路寒袖這種邊寫詩，邊涉足台灣獨派搞分裂民族的惡行者，應是極少數。尚有一些稱「本土派」者，大概只是「鄉土主義者」，並非真的去搞台獨。

而絕大多數文壇詩界中人，都有豐富的「中華民族性」，有強烈的「中國性」。王牌這本「歌詞與朗誦詩」，正如無名氏所言，大部分全噴瀉火山熱情，當得起「莊懷激烈」，真的使中華民族倫理精神，向上提升了境界。所以，本書的思想內涵，足當這類深具民族性作品之代表作。（二〇一〇年十二月初，陳福成草於萬盛草堂。）

臧否春秋・月旦政客

——紫楓《古月今照戀風情》的劍法

一把倚天劍，一把屠龍刀，能有多勵害？實際上不怎麼樣？頂多殺幾個壞蛋，對整個舞林中的黑暗勢力，以及腐敗的朝代政局亦無可奈何！（註：金庸這部小說的「終極兵器」，許多讀者誤以為就是倚天劍和屠龍刀，其實不是・非本文範圍，莫言。）但終究是「絕世兵器」，對當時武林有決定性影響力，加上用劍之人劍法高超，使「人劍合一」，不僅揭發了武林黑暗真相，也在相當程度上，維護武林正義；對貪腐的批判，即是對清廉和光明的莫大鼓舞。

讀杜紫楓的詩集，為何在起頭拿兩把知名刀劍做比喻，因為她的詩集有多首「臧否春秋・月旦政客」作品，「殺傷力」如倚天劍屠龍刀，且劍法奇絕，刀工神妙，讀之印象深刻；那是一種對貪腐不義的批判，對公平正義很大的鼓舞；臧否當代台灣政局春秋，月旦品評貪腐及分裂主義者，就是要用「杜紫楓劍法」！其筆法即劍法。

《古月今照戀楓情》（葦軒出版社，二〇一二年四月），是屏東著名女詩人杜紫楓新出版的詩集，全書有傳統與現代詩數百首之多。如此合輯，顯然有心於傳統與現代的接軌，其作品選材多元，是一本深植廣論的詩集。本文僅針對「臧否春秋‧月旦政客」，而「殺傷力」驚世，劍法奇絕，刀工神妙的作品，略論淺說之。先讀這首「二〇〇四年的秋」：

送走了春
告別了夏
秋苦著臉來了
風低旋
傾聽彌留的黃葉可留下最終的遺言
河飲泣
一路蕭條不見遠景可是嚴峻的懲罰
一張張謊言織成的網

躺著密密麻麻的犧牲品
誰來收屍
是非真理正義道德良知全死了
撕裂分化仇恨得意的張牙舞爪
看看流氓沐猴而冠的世界
兄弟們瓜分著豐收的戰利品
選票化為冥紙為繁榮祥和送終
陽光灰了心
天不再藍
雲黑白不分
照不出真相　解不開疑惑
和尚打著傘走過
涼爽豐收的愉悅是上一世紀的事

以這樣的筆法，對二〇〇四年「三一九槍擊弊案」後的台灣政局，有如橫空一劍，見血封喉，只好「傾聽彌留的黃葉可留下最終的遺言」。果然，從那之後，小島上的藍綠都進入「病日臻，既彌留。」狀態，就連那公平正義、是非黑白、禮義廉恥等等，全部彌留了。好一道「杜紫楓劍法」，一劍剖開，直指真相，讓未來的歷史、後世子孫，清楚明白在二〇〇四年之際，魔鬼如何把全民推向彌留，使全民「躺著密密麻麻的犧牲品／誰來收屍」，恐怖啊！恐怖！

以現在台灣詩壇一般用語，凡與政治政局有關係的作品都叫「政治詩」，那麼中國歷史上要找出「非政治詩」大概很難，因爲人不可能脫除於政治之外，老莊亦然。就以離政治圈最遠的山水田園詩派（謝靈運、陶淵明、王維、孟浩然）爲例，他們的作品也還有淡淡的政治味。至於李白的「塞下曲」、「關山月」，杜甫的「春望」、「兵車行」，更都有濃濃的政治味；而杜甫除有詩聖稱號外，也是可敬的愛國詩人，他寫了不少有關「安史之亂」的作品，反映那個顛沛離亂又貪腐的時代，今天讀起來仍是驚心動魄。所以杜甫的詩，一向被稱爲「詩史」，因爲他和民族興衰、國家興亡、人民的苦難，是掛在一起的，詩心即民心。放眼看中國歷史上流傳最廣、能感動最多人的詩，這是類「政治詩」，不是在「桃花源」中那些與天下子民無關痛癢的詩。

杜紫楓這首「二〇〇四年的秋」，正是典型的政治詩，亦謂「詩史」，再思索之，那情境有如杜甫筆下的「安史之亂」（可比照讀杜甫的「哀江南」、「哀王孫」、「三吏」、「三別」、「悲陳陶」、「悲清坂」、「兵車行」等作品，都能感受到相同情境與內心的悸動。）

「二〇〇四年的秋」不僅是成功的政治詩，就詩論詩也是成功的現代詩。理由之一是創新的詩語言，劍法、筆法和詩法的三無差別在創新二字，「傾聽彌留的黃葉可留下最終的遺言……躺著密密麻麻的犧牲品／誰來收屍……撕裂分化」等句，再回頭讀杜甫「兵車行」末句，「君不見，青海頭，古來白骨無人收。新鬼煩冤舊鬼哭，天陰雨濕聲啾啾。」一樣是「悲慘世界」，紫楓有新的筆法，新的表達方式。理由之二是詩的「張力」幾可同等「殺傷力」，全詩形同一種「春秋大義之判決」，時代真相活生生的陳現，直叫那些貪腐、作弊、搞分裂主義的政客，永世不得翻身，成爲無間地獄的無期刑犯。

理由之三是詩的結構完整，從「送走了春／告別了夏」起始，意涵著春天不來了，到末句「涼爽豐收的愉悅是上一世紀的事」，不僅認清一個事件，也看清一個時代。「上一世紀」是公元二千年的廿世紀，那時國民黨執政，還有涼爽豐收的愉悅；此後，分裂主義政客上台，一切都完了，台灣人得了精神分裂症。

這本詩集還有多首高明的政治詩，其筆如劍，對貪腐黑暗勢力有驚人的殺傷力，如

「月，外來的」、「非常報導」、「軍購」、「這個島失去了春天」、「外省第二代」、「只能這樣」、「二〇〇七年的國慶」、「孤島的春天」等。另在傳統詩方面，如「鵲橋仙」（紅衫軍）、「去蔣行徑有感」、「民怨」、「兩顆子彈」、「言論自由」等，均屬同樣內涵作品。

黑暗時代不論多長，一定會過去（如西洋史上從五世紀到十五世紀，史稱「黑暗時代」，長達一千年，是人類史上最久的黑暗時代。）而公元二千年開始，台灣淪入一群分裂主義政客之手，那八年苦難，也是八年的黑暗時代，直到二〇〇八年「法統重光」，把妖魔趕回無間地獄，台灣才看到一點希望。「撥開雲霧見藍天」這首詩，寫的正式終結妖魔，把台灣人民的理性良知重新喚醒了：

烏雲罩頂
妖魔鬼怪猖狂
戴著天使的面具
舞著仇恨的利劍
愚弄蒼生互鬥互砍

惡毒、奸恨、猙獰、血腥到了極致
當生靈失去了靈性
地獄之門大開
枉死城一片榮景
魔鬼歡欣舉杯半起了慶功宴
慶賀八年昏昧的日子
人民覺醒了追討真理公道
七百多萬正義之師怒吼　響徹雲霄
陽光乍現　真相漸明
妖魔鬼怪去盔棄甲
靈性良知回來了

（賀二〇〇八年總統大選藍軍大勝）

這首詩的成功處，再其逆向思維的反諷筆法，例如我們常用「枉死城一片慘狀」，未聞「枉死城一片榮景」之用法，這是詩語言的創新，也是意向、情境的創新。諸君深思之，爲何枉死城一片榮景？必是人間死人多，人間那裡不死人？天天有死人，爲何那八年特別多？人民開始「有感覺、有思考」，於是人民覺醒了。詩的末五行正式人民的覺醒，終結了八年的黑暗時代。

我發現杜紫楓在寫這類詩作時，就像一個凝聚上乘武功的劍俠，其筆如劍，斬群妖，屠亂魔，劍法亦有創新，下筆就不凡，那氣勢如同猗天劍屠龍刀。以這種功力臧否春秋，月旦政客，下比就成「春秋裁判」，成歷史之定論。

希望紫楓在精進，磨練她的功力，超越有形的刀劍之上（那是金庸小說的終極兵器）。當功立達到真正的上乘，刀劍、詩筆和一片樹葉，三無差別，同樣可以斬妖除魔，維護人間社會的公平正義。加油！俠女！（完稿於二〇一二年七月。台北蟾蜍山萬盛草堂主人陳福成草。）

小註：杜紫楓，屏東師範學院語教系畢業，兩岸著名的女詩人、作家，其作品、得獎無數。他也是葡萄園、大海洋詩社同仁，目前正走紅於兩岸文壇藝界。

李政乃《千羽是詩》詩集

——解讀一個女詩人的詩情人生

李政乃是誰?在當前熱鬧的文壇詩界哩,有一點陌生,有一點印象,有一點神秘。但在「老一輩」的詩人心中,還是隱約有一點熟悉,她就是第一位「省籍女詩人」李政乃女士。

她像一株深山空谷幽蘭般,放自己於台北大都會之邊陲,隱於新竹風城幾十年,隱於詩壇爭名排序之外,棄利祿空名,甘願一輩子安安靜靜的,平平凡凡的,當一名小學老師。若非老詩人張默編選一本現代女詩人選集《剪成碧玉葉層層》(爾雅出版社,民國七十年),把李政乃挖了出來,如今想要讀些她的東西,或了解這位女詩人,恐怕得去找「地方文史工作者」進行考古了。

我有幸在多年前的一個文壇聚會中,見過她一面,典雅如蘭,端莊似貴夫人,樸實婉約就像她的每一首「鷺鷥體小詩」（張默定語），真是「人如其詩、詩如其人」。二〇一二年春，我經由伊媚兒聯繫，向李女士要到一本她唯一出版的詩集《千羽是詩》（竹一出版社，民國七十三年五月廿九日初版）。數月以來，我或閒或忙或睡前，斷斷續續的把這本詩集看了好多回，深有所感於書中每一首詩，更喜愛她那種平凡單純的人生觀，如她在自序的剖白：「我的一生原本單純，對人生不感懷有太多的奢望，只想平靜的度過，只願我的生活是一首平凡的詩，詩給我無上的享受，我可以拋棄一切，就是無法拋棄詩給我的執著與迷戀。」

或許因爲我也是一個思想單純、平靜度日寫作的人，不自覺得很想寫些她的詩作心得，也讓年輕一輩的詩人文友們，知道文壇詩界這大叢林的邊陲，存在著一株奇葩異卉。是故，本文就當成我讀《千羽是詩》詩集的劄記。

壹、李政乃生平略歷及各年代詩作

李政乃，筆名白珩，民國二十三年二月五日，出生於台灣新竹，到今（二〇一二）年正好八十歲，是幸福的老妻，快樂的祖母級女詩人。

她祖籍廣東平遠，先人渡海來台，定居苗栗大湖，她父母婚後定居在新竹，先後生了九個子女，她排行老二。按她在自序說，祖父母虔信佛教，在她父親年少時，即將祖產贈送給苗栗的法雲寺，並在那裡吃齋拜佛，終度餘年。所以，李政乃應有深厚的佛緣，她的人生觀很接近佛教的緣起法、因果觀、自然觀；尤其她的詩，亦有禪宗「拈花微笑」的意境和味道。（均後述）

△民國二十八年（一九三九），六歲：

接受學前教育，讀國語講習所一年。

△民國二十九年（一九四〇），七歲：

入小學，接受日本教育五年。因經常要疏散到鄉下逃警報，或從事勞動生產，上學時間沒有十足的五年，戰爭苦了這些孩子。

△民國三十四年（一九四五），十二歲：

台灣光復，開始接受祖國教育，正式學習注音符號和國語，老師也教閩南語。

△民國三十五年（一九四六），十三歲：

讀初級中學，因國語學習不到一年，初中的史地、國文等課程，對她而言算是艱深難懂。加上老師來自各省，南腔北調，學習自然是很吃力。年幼的李政乃很用功，得以衝破文字障礙，打下很好的基礎。

△民國三十八年（一九四九），十六歲：

進台北市立女子師範專科學校就讀。

△民國三十九年（一九五〇），十七歲：

升師範二年級，練習寫作，寫了很多詩，配上圖畫，十七歲的他自我陶醉一番。

△民國四十一年（一九五二），十九歲：

開始有作品發表。省立台北女子師範學校畢業。

△民國四十四年（一九五五），二十二歲：

五年師範教育畢業後，當國小老師，不久結婚，先生是林金鈔（也是一位詩人，筆名林曉峯，再交通大學任教）。婚後，他們遇有三個男孩。先生是閩南人，她是客家人。

△民國四十六年（一九五七），二十四歲：

婚前詩作陸續發表於詩刊及報章雜誌，因家庭與工作忙碌，今年起擱筆，直到民國七十年。

△民國六十一年（一九七二），三十九歲：

台北市立女子師範專科畢業。

△民國七十年（一九八一），四十八歲：

這年李政乃從國小教職退休，才四十八歲，也太早退了。張默編現代女詩人選集《剪成碧玉葉層層》詩集，由爾雅出版社出版，李政乃「夏末」一詩入編該選集，終於又激起女詩人對詩更美麗的漣漪。

接下來的三年，李政乃寫了不少詩，才在民國七十三年有足夠的量出版她平生的第一本詩集，《千羽是詩》。這年女詩人五十一歲，創作量雖少，但真是千羽是詩，她這本詩集七十五首詩的創作年代，整理如次表。

李政乃《千羽是詩》詩集作品創作年代

年代	詩題
一九五二	夜遊、黑貓、除夕
一九五三	四月的晴空、散步、採茶女人、女人的王國
一九五四	可愛的憂鬱、孔雀、月下寄倦旅、寶藏、誕生地、初戀、自畫像、明鏡、拍攝。
一九六二	自抑。

一九七四　夏末（註：詩集記今年七月十五日作，張默記六十四年暑假）。
一九七五　童年。
一九八一　幸福的召喚、飽滿的夏季、降、詩間、一雙枯槁的眼神、人生、雨非雨、悟信、純真、書簡、飛逝的歌、心絃（一）—（六）、街景、麗池的聯想、生命的喜悅、美玉、變奏的雲、基隆港、多心事的郵輪、雲的新語。
一九八二　心絃（七）、心願、我已慢慢死去、春意、心事、若夢是真、生之頌、奢侈的抒情、原鳥、時餘、酒、小城故事、風景、暮春。
一九八三　心絃（八）—（十三）、初雪、北國短影、破寂、禪、彤霞曉痕、十六歲、曇花開的時候、心園、殘夢、嚷出來的秋色、悠悠歲月、少婦心、不要問我、迷惑、情濃似玉、銀髮出長、仙樂爲誰飄、心餘、情緣萬縷、花之芒、反芻、沉沉的酣睡、月之路。

檢視上表，《千羽是詩》的作品，一九五二到五四這三年只有十六首，是最早期詩作。接下來的二十多年處於停筆狀態，直到民國七十年張默出版《剪成璧玉葉層層》，喚醒了女詩人的詩魂，再燃起詩的熱情，七十到七十二年創作量達五十六首，是該詩集的主力作品。張默予有功焉，否則詩神不知要沉睡到何年何月？

貳、「鷺鷥體小詩」賞讀

在《千羽是詩》詩集後，張默有一篇短評（一九八三年八月二日刊於商工日報），稱她（李政乃）是早期現代派的健者，他那鷺鷥體的小詩，晶瑩潔白、十分可愛。他一直在默默地編織他自己玲瓏精緻的小宇宙，且獨來獨往，不食詩壇的煙火久矣！……

簡短的幾句評語，大改已是李政乃在現代詩壇的「春秋定位」，我把全書讀了幾回，也是相同的感覺和感動，她多數的詩屬於「鷺鷥體小詩」，十分的健康、明朗、可愛。張默編入《剪成璧玉葉層層》的「夏末」一詩，應是最有代表性，全詩十二行：

我的相貌並不惹人煩厭
淡淡的秋意
但不傷悲
一生只奢望自己
裝扮成雍容華貴

穿梭於這樣樸素的天地間
我不是孤獨夫人
我愛那靚山　愛那
雲擁　鳥鳴　雨滴　風捲
愛那萋萋草叢　一片茫茫的高原
是誰
是誰　揉縐滿庭落葉

一九七四、七、十五

這是當年詩人參加「復興文藝營」交出的作業，張默便是根據這首詩的「基因」鑑定，確認這位女詩人就是當年開花在「現代詩」上的李政乃。基因何在？總要有些根據，恐是那幽靜清新的氣息，已過四十不惑的詩人，對人生已有深刻感悟，才會有「是誰揉縐滿庭落葉」問話！而當年開花在「現代詩」（紀弦於民國四十二年所創辦）的「花」又如何？這得把時間往回拉二二餘年，一九五二年他創作三首，「除夕」一詩發表在四十二年五月一日出版的「現代詩」第二期：

酒也喝了　歌也唱了
疲憊地　我步出會場
消失於無燈的陋巷
我的燈屋是如此的淒涼
就如那寂寞的歲月那樣
窗前，除夕的冷月下
我聽到一切有靈性的靈魂
做著各種不同的感嘆

一九五二、十二、卅一

八行小詩，不像傳統除夕的「正常」氣氛，該是熱鬧、美滿才對。怎是「我的燈屋是如此的淒涼」？除夕的月如此的冷？那是寂寞的十九歲對一年將盡的失落感，生命如此忽忽叫眾生感嘆，但一切有靈性的靈魂的感嘆，她怎聽得到？這正是詩人特有的敏感性了。平常一般人到博物館中看到一隻孔雀標本，有何感覺？頂多看兩眼，引不起敏感神經，惟女詩人看「孔雀」：

小立於絢麗的歲月中
拘束如博物院金櫃中的美孔雀
看到落日的光輝
我終於失聲痛哭了
擁著薔薇夢的大地啊
怎地渴望長對翅膀呢

一九五四、四、十一

這詩中的第一人稱「我」可以是詩人，也可以是孔雀。是一首意境深遠多解的詩，詩人雖編織著自己的小宇宙，但也期待突破有形的拘束，翱翔在廣大的天地間。全詩的佈局有一種對立與統一的美感，讓一隻沒有生命的孔雀標本還能看到落日的光輝，多麼痛苦！又多麼悽美！能不失聲痛哭乎？即便已沒希望了，還是有夢想，想要長起一對美麗的翅膀（復活），尋回屬於自己的絢麗歲月。短短的六行，絢麗和落日意象鮮明，而「金櫃」（如人的棺材，它是孔雀的棺材）意象驚怖，失聲痛哭形成一幅悽美的畫面。難怪這首詩各家（張默、彩羽）都叫好。

自來　愛詩的少女嫻靜又美麗
那在人們或是孤獨和寂寞的
而我的憂愁是　僅有的白鴿
與那嵌著星月的藍天

「寶藏」，一九五四、四、廿八

四行的小小鷺鷥，藏著與人不同的寶藏。這首詩有兩種深意，一者她的寶藏只是一方夢境，一種不食人間煙火的情境，是編成的小宇宙，自己的寧靜世界，或說詩人自己的人生觀；二者尋常人的寶藏必定要藏在神不知鬼不覺之處，女詩人卻把她的寶物（白鴿、嵌著星月的藍天），藏於眾人的眼前，眾人皆不視爲寶，獨她視爲寶。真的是「牛眼視青草、慧眼看是寶」。

沒有呻吟
沒有感傷
破夜的曇花
裸看自己
驚為慈悲
驚為佛陀
以無言的悽美

「禪」，一九八三、五、廿七

這首「禪」和另一首「曇花開的時候」（詩集第一六二首），讀來很有佛心禪意的感覺，如誦《心經》，「不生不滅，不垢不淨、不增不減」，本來如是，就像佛陀在靈山拈花。破顏微笑，一切便都了然於心，那些文字註解，語言說明，皆是多餘的。所以，女詩人的浪漫、幸福、詩情，是很「唯心的」，所謂「萬法唯心造」，在這本《千羽是詩》詩集中，每一首詩都能看見一幅「心造」的美景。

女詩人經由詩筆建構她的小宇宙，編織他的詩夢王國，以「禪悅」爲食，而不食人間煙火；以唯美的私密世界爲住家，而不住於名聲榮枯。

她的詩的特色是鷺鷥小詩，行數不多者（十行隻內）如草原上一隻小鷺絲，潔白明淨，晶瑩透亮可愛，另也體現於精簡的短句，她的詩不論長短，都是極短句，多一字嫌多，少一字也不行。有較多行數的詩，看起來像田園中許多鷺鷥，悠閒的佇足或是覓食，也十分可愛。如「心事」、「時間」、「美玉」、「心絃」組詩、「銀髮初長」等作品。試賞讀「美玉」：

為聽取／泉水中／琮琤的／玉鳴聲／於是／撒播他／璀璨的／愛情
那聲音／始終在／她心中／銀鈴般的響著／她／用盡一生／去收集／那含蓄的／
至情
不顧／疲憊的身心／像讀一首／完美無暇的詩／竟如此／顛倒神魂
說她是／不食人間煙火的／夢的養分也吧／在諸般的矚視中／她／確是這樣／在
善美與純真之間／求索／忙碌

一九八一、十、十

「美玉」四段三十二行，是詩人的人生、人生觀、人生哲學、人生目標（所求），乃至看成詩人的自傳。只是一塊美玉，詩人以物寄情，並昇華此「物」成爲自己，那愛情、至情、神魂顛倒、不食人間煙火，都是女詩人自己的化身。她也忙碌追求，但非追求功名富貴，而是追求美善和純真。

參、讀李政乃的「鷺鷥體」長詩

李政乃的作品以小詩、短詩居多，目前爲止各家論說以他這類小詩爲主，尚未針對她的長詩者。何謂「長詩」？並無統一標準，三四十行間乃至百行、千行都是長詩。《千羽是詩》除「心絃」組詩外，有幾首較長的詩，如「悟信」四十四行、「幸福的召喚」五十五行、「小城故事」三十八行、「悠悠歲月」三十二行。今試賞讀「悟信」一詩爲例，以窺詩人作品之多樣貌。（分段編號爲筆者所加）

悟信

一、

癡癡的面對著
文字的塔壁
在一次將自己囚禁
讓氾濫的思緒任其縱橫騁馳

二、

不必刻意去讀完那孤獨
也不必在黑暗的冷冽中逃逸
歲月就是這樣　常常播放一首歌
在有意　無意中　忽有所獲

三、

幾度煙雨連朝

湮埋了我的　也湮埋了你青春的廢墟
春去　秋來　秋來　春到
宇宙萬物就是這樣循環不居

四、

不要視生命如糞土
不要隨意踐踏
必須悟信生命的真實美善
縱使如游絲的短暫

五、

你必須誠摯而坦然的生存到底
這是生命的意義
縱使天門開的是一條縫隙　你也得勇敢的擠過去
就像你的呼吸　千萬不能有片刻的停息

六、

什麼是榮耀
榮耀就是平凡
揉和的血與汗　花與砂石同在的天地
這平凡絕不是拒萬物於千里的絕緣體

七、

不必對自己過分的譴責
無論別人怎樣待你也不算苛刻
不管他人用任何手段收集名聲
天神也喜歡世人的阿諛逢承

八、

好人往往在誤傳中變為罪人
英雄常常被謠言扼殺

無根的讕言如颱風過境
當太陽從雲層出來　天地間仍然是一片寧靜

九、

有一天當鳳凰從枝椏跌落
眾多的議論在你耳際穿梭
你也不必訝異
因為各有各的感覺　各有各的見地

十、

你不是誰　誰也不是你
誰也不投影在誰心底
你心冰潔　冰潔茹透明的晶簾
你心開豁　開豁如雨後的青天

十一、

一切災難全都圓寂
願那悟信的重生
帶給你愉悅的旅程
展開雙翼　像天上自由自在翱翔的大鵬

一九八一、八、三

這首長詩我當做是李政乃的人生修行（方法、過程、結論），用詩語言表達的詩情人生。也向眾生開示，這大千世界中，一花一宇宙。共十一段，像開啓佛法的修行過程，從證悟中，得信、得獲人生真理。

第一段、詩人為思索人生問題，使修行更上層樓，開始閉關在「文字塔」中，埋首讀書。自我囚禁之目的，在尋求解脫、解放之道，即人生之真相、宇宙之實相何在？

第二段警示修行要放鬆、要放下、要順乎自然；不必在意孤獨，人生本是孤獨，也不要從困境中退縮，無所得即有所得。

第三段看見世間的生住壞滅、生老病死、朝代興亡，萬事萬物都在輪迴循環中，歷史和時間亦如是。

第四段向眾生說法，生命雖都要死亡，但仍要珍惜，不可任意踐踏，因爲不論多麼短暫的生命，只要悟信，生命就有了真善美。

第五段就算生命已到最後關頭，只有一絲絲存活的希望，仍要坦然面對，走完自己的「天命」。自然、順天是很重要的思維，生死都是自然。

第六段期勉「榮耀就是平凡」，能如此，則平凡卽是不平凡；這樣平凡，不是拒萬物於千里外，而是與萬物同在，乃至合一，與大自然共享天地。

第七段從人性面論人我關係，對己善待，不必過於苛責自己；而別人對你不論多壞，也別太在意。有些人不擇手段想成名，那是他家的事，天神也喜歡人去阿諛逢承，人要從世情人情中解放出來，做你自己。

第八段啓示人們，邪不勝正，好人英雄也常被抹黑，忠臣義士無端被扼殺，但歷史遲早要還他們清白，公平正義獲得伸張，這是必須悟信的真理。

第九段詩人領悟到「一人一世界」，每個人的感覺系統都不同，若有一天當「鳳凰從枝椏跌落」，你會聽到許多是非，也都不必在意。或自己碰上了，也要看開！

第十段延續前面的思維，每個人是世間的唯一，做你自己，「明心見性」，才能得到解放、解脫，你的心自然透明潔淨，胸懷自然開擴如青天。

第十一段總結前述，一切的一切都只在「悟信」二字，了悟人生真相，堅信那是真理，你便能像大鵬鳥，在無限寬廣的天空自由自在翱翔。

「悟信」有發人深思的哲理，有豐富的思想；更有意象靈動的詩語言構句，如「文字的塔壁」、「黑暗的冷冽中逃逸」、「湮埋了你青春的廢墟」、「天門開的是一條縫隙」、「榮耀就是平凡」、「鳳凰從枝椏跌落」、「一切災難全都已圓寂」等，這些是女詩人的新構句。

肆、結語：幸福美滿的詩情人生

李政乃的詩，雖大多是一人編織的小宇宙，也有兩人或多人世界，如「若夢是真」和「心願」是夫妻共有的美滿世界，「童年」（與外婆），「飽滿的夏季」（與母親）等，餘均不及詳說，以她的一首「人生」爲本文結語。

做了一整夜頑強的僵持

醒來時
睏倦的身體
軟弱如受傷的蛆

人生就是這樣
真真　幻幻
幻幻　真真
輪掉夢幻
不用沮喪
輪掉昨日
何用悲傷

一九八一、八、二

「軟弱如受傷的蛆」用的太神奇了，「輸掉夢幻」也是成功的創句。女詩人的人生觀，沒有灰色、黑色，沒有激情、衝動，沒有失望、痛苦。有的只是平靜、平凡、單純、潔淨的思想。許多思維和我很相近，我喜歡「簡單是美」，故有共鳴。

她也洞見人生真相及宇宙實相，如這首「人生」，和我最近讀的《金剛經》上四句偈，「一切有爲法，如夢幻泡影，如露亦如電，應作如是觀。」，意涵似乎很相近，充滿佛心禪意。

本文只是賞讀李政乃《千羽是詩》詩集的零散筆記，如以整理而成，並無嚴謹之系統構思，談不上詩評，僅是一些讀詩心得的彙整，請詩壇高明批評指教。（二〇一二年七月，台北公館蟾蜍山萬盛草堂主人陳福成初草，八月修稿。）

落蒂拈《一朵潔白的山茶花》

——我與衆生微笑

通常我讀一本詩集，總會寫些讀詩心得，但這本《一朵潔白的山茶花》（以下都簡稱《茶花》或《山茶花》），我讀了好幾回，放枕頭邊翻閱數月，均未動筆，因爲感覺上這是一本「禪詩集」，我所喜愛的一些詩，都禪意十足。

「禪」即禪宗，乃佛法自佛陀在靈山拈花、達摩東來，傳自六祖慧能，一脈相傳至今，仍很興盛的派別。禪宗的核心思維（即千年傳統），爲不立文字，教外別傳；其傳承和學習法門，亦不用口說，不落文字解釋，只在正常生活中用心用功，而達到頓悟覺悟的境界。若由語言去說明，用文字詮釋，便是錯誤，便是不悟，便是沒有慧根，便是不長進，要受到「棒喝」。

是故，在禪門傳法是很嚴肅的，又很輕鬆的生活智慧，幾分神秘感也不易用語言、文字說清楚。佛在靈山拈花，迦葉只是微笑，就完成傳法印證。六祖慧能以「本來無一物」詩，即得五祖傳位，只能說「萬法唯心造」。

我讀《茶花》詩集，處處有禪意，字裡行間深刻感受萬法唯心造的信念。但覺得還是不能寫，一落文字便是不悟，再一說明解釋、或賞析吧！都是畫蛇添足，更增自己的愚昧，直到二〇一一年八月，我在佛光山「佛學夏令營」，某日的下午第一節課，我坐在課堂上瞌睡蟲揮之不去，突然隱隱約約聽到上課的法師說「六祖慧能大師圓寂時」，我卽驚醒，因我素來喜歡六祖的風格，尤其他的傳奇故事。

我故坐端莊聽法師說，慧能大師快要圓寂時，因爲後收的一個小徒弟年紀還小，名叫希遷。

希遷問：「師傅，你走後我怎麼辦？」

慧能答：「尋ㄙ去。」大師快圓寂了，有氣無力回答。

不久慧能大師圓寂了，還年輕的希遷天天在禪房打坐。一位老和尚看希遷天天打坐就問：「爲何天天打坐？」

希遷說：「師父走前叫我尋思，大概叫我多靜坐思考、多想想。」

老和尚說：「你錯了！師父叫你去找大師兄青原行思。」

又過了很久，希遷千山萬水終於找到大師兄青原行思。一見面，大師兄問：「你從何處來？」

希遷答：「我從曹溪來。」

師兄問：「在曹溪得到甚麼？」

希遷說：「沒得到甚麼？」

師兄問：「甚麼都沒得到，去曹溪幹甚麼？」

希遷答：「我不到曹溪，怎知道自己無所得。」

這段禪門對話證明了這對師兄弟的開悟，論證他們的明心見性，見到了自己的「本來面目」。法師解釋說，「空」、「無」、「本來面目」（本具佛性），是要自己親自去實證的，也不是隨便說說，尤其從生活中去證實最重要，《心經》中的無智亦無得都經實證……

營訓結束回台北後數月間，我常在思索這些問題。禪意雖不以文字詮釋，不靠言語說明，那希遷和師兄的開悟誰知道（或不經對話）？六祖慧能大師為演教禪宗大意，也留下一本《六祖壇經》，我才決定動筆寫寫落蒂的「禪話」。

之一：「一朵潔白的山茶花」——不生不滅．不垢不淨．不增不減

一朵潔白的山茶花
開在
山邊小溪旁
靜靜
吐露芬芳

一朵潔白的山茶花
不知時間正在悄悄挪移
只有幽幽表露
心情
對著月光

一朵潔白的山茶花
動也不動
仍然默立岸邊
對著潺潺溪流
側耳傾聽

一朵潔白的山茶花
不知道那潺潺的溪水
是錐心的痛
竟讓他孤獨奔流入海
滿腦子是那忘不了的白

一朵潔白的山茶花
不是只有對你無情
她靜靜開在那裡

只是開在那裡
單純的開在那裡

發表於《中國時報・人間副刊》，二〇〇〇年七月四日
選入《二〇〇八台灣詩選》

落蒂這首詩初讀一、二回，看不出所以然，掩卷數日再讀幾回，才發現詩題也同時用於書名是有道理的。就好像人人都有一顆心，有一個「本心」，這是很簡單的「命題」。但多數人未達一定年歲或經歷，是找不到自己那顆「本心」的，甚至很多人窮一生之時空，找不到自己的心要「放」在那裡？找到自己的本心這麼難嗎？說難不難，說簡單亦不簡單，「找到本心」是這首詩的核心思想，也是這朵山茶花要對眾生的「無言說法」。

就詩景之建構言，這首詩純粹是詩人落蒂「以心造景」和「境由心造」的連結，正是佛法常說的「三界維心，萬法唯識」。因爲在寫這首詩時，落蒂未親自去目睹一朵山茶花，那一朵山茶花是很多年前看過的，爲何多年前看花「無心」？現在不看花卻「有心」！那是現在有心故有花。《華嚴經》有四句話：「心如工畫師，能畫諸世間，五蘊悉從生，無法而不造。」正是此理。

就整首詩的情節又如何？詩分五段二十五行，很清楚明白詩人借山茶花說法，開示「明心見性」的過程（心理學上所說自我實現的歷程）。

第一段，**「一朵潔白的山茶花／開在／山邊小溪旁／靜靜／吐露芬芳」**，是「本來面目」自在的存在，五行健康、明朗、真白，看似淺簡易懂，卻是人生第一個階段「見山是山」。一個人、一座山和一朵花誕生了，存在著，不須要說明「怎麼來的？」就是來了，有了，由因緣所生起；就佛法觀點，人的佛性本生俱來，不須外求，山茶花靜靜的吐露芬芳，就是本具佛性。

第二、三段，是山茶花的思索和傾聽（一種修行的思考），如同我們每一個人，慢慢的成長，原本赤子之心因受外境（社會環境、功名利祿等）牽引，開始「忘了我是誰？」山懷疑自己是山，人不知道自己是人。山茶花**「悠悠表露／心情／對著月光」**、**「默立岸邊／對著潺潺溪流／側耳傾聽」**，可視爲人在四十不惑（看人、看慧根）前，對主客觀事務的懷疑、思考、探索過程，有時問情於月光，有時默默傾聽，對很多事情拿不定主意，一顆心要放在那裡？也還找不到一個「位置」。但山茶花（人生）最大的難題，也是人生最大的困境在第四段。

第四段，山茶花**「不知道那潺潺的溪水／是錐心的痛／竟讓他孤獨奔流入海／滿腦

子是那忘不了的白」。這裡，山茶花對時間和自己的白還很執著，放不下，就不能自在，尤其一身潔白視爲珍貴的寶物，就更是放不下。我多次聽星雲大師講「金碧峰禪師證悟」故事，可給「放不下的山茶花」參學參考。

金碧峰是有道禪師，證悟後已放下世間諸緣的貪愛，唯獨自己用的玉缽視如寶物，愛不釋手，每次入定前，先要把玉缽收藏妥當，才能安心入定。

有一天，閻羅王因金碧峰世壽已盡，差小鬼去捉拿他，他進入甚深禪定中，小鬼們上山下海找不到，跑去請教土地公想辦法。土地公說：「禪師是證悟的人，世緣執著早已放下，唯獨還執著心愛的玉缽，你們設法取走她的玉缽，他一動念，可能就出定了。」

小鬼依計找到禪師的玉缽，頑皮的敲打玉缽，禪師心疼玉缽被玩弄，趕快出定搶救，小鬼看禪師現身，拍手叫到：「走吧！跟我們去見閻羅王。」

金碧峰霎時明白，就這執著貪愛，將要毀滅他的千古慧命，當下打碎玉缽，再次入定，虛空中傳來一偈詩，迴響著：

若人欲拿金碧峰，除非鐵鍊鎖虛空；
虛空若能鎖得住，再來拿我金碧峰。

人人心中都有放不下的玉缽，這玉缽可以是財富、名位、情愛、權力等，執著的越多困境越大，放下的越多越能自在，越能了悟生命的真實本相，看見自己的本來面目，見山是山，明心見性。這個境界到了這首詩的第五段，山茶花找到了自己。

第五段**「不是只有對你無情」**句很重要，因爲是我、你、眾生三無差別，「無緣大慈、同體大悲」是也！此時**「她靜靜開在那裡／只是開在那裡／單純的開在那裡」**，她找到自己，自在的展演自己。

這首詩等於是一個人修習的過程，用《心經》上的經文可以說「不生不滅、不垢不淨、不增不減」「無智亦無得」，山茶花本來就是山茶花，說老半天，繞了一大圈，竟回到原點；人本具佛性，只因愚昧不知，修了幾十年，跑了五大洲，到處參訪名師高僧，最後證悟自己即佛心，佛就住在自己心中，故說「無所得」。不增不減，因爲本來如是。詩人落地深悟其中妙理，故拈來一朵潔白的山茶花，眾生懂得的會心一笑，不懂得就「寞宰羊」了。

詩集《茶花》的第一輯「一隻翠鳥」一詩，也有頗深禪意，詩人玩著有、無、空、色的遊戲，抄錄賞讀：

一隻翠鳥

在窗外歌唱
我把窗戶打開
窗外
一片寂寂

一隻翠鳥
在空中歌唱
我望向天空
空中
一片漠漠

一隻翠鳥
在夢中歌唱
我把頭埋入被中
埋入

更深的夢中

《中國時報・人間副刊》，二〇〇八年七月十八日

讀者可以試著找一找，到底落蒂的「鳥」在那裡！他的鳥和詩集後面一些魚，在我看來是同類。他這本詩集中的魚、鳥或一朵潔白的山茶花，最後都回歸到本相，本來面目，一切的追求最後回到原點，故說不生不滅、不增不減，無所得，如此的「無所得」卽是「有所得」。在《臨濟錄》一書（張伯偉釋譯，佛光文化，二〇一二年），有一段禪門對話解釋「無所得」和「有所得」之真意：

問：「如何是西來意？」

師云：「若有意，自救不了。」

云：「卽無意，云何二祖得法？」

師云：「得者是不得。」

云：「卽若不得，云何是不得底意？」

師云：「爲你向一切處馳求心不能歇。所以祖師言：『咄哉！丈夫，將頭覓頭。』

你言下便自回光返照，更不別求，知身心與祖佛不別，當下無事，方名得法。」

這段原典對話「西來意」指達磨從印度來中國，實際問佛法或禪之根本意，因人人本俱佛性，向外求佛、尋佛都是白做工，故說不得、無得，本心已有，沒有得不得的問題，就像那「一朵潔白的山茶花」，本來就是一朵山茶花，無得無失，潔白的山茶花是本來面目，不須外求。

在《山茶花》這本詩集中，許多充溢禪意的詩作，「禪」這東西，不好說、不好寫；甚至不能說、不能寫，今又寫了這一大堆，希望不是贅文。

之二：詩人拎著魚簍，我微笑，他找到理想

《山茶花》詩集中有不少關於「魚」的作品，以第五輯爲主，其他輯也有。詩人林煥彰先生在序中說，落蒂心中的「魚」應和中國古老思想家、哲學家老莊所稱的「道」、「夢」或「禪」有關，他的魚是「理想」的隱喻，這確是。但我看是比較接近禪意，林煥彰的序題也是「在禪坐中尋魚」，除了禪意，我認爲也有很濃厚「理想性」，詩人一直在追求他想要的理想，有屬於他的理想國。

一個人爲何一直在追求理想，因爲理想始終沒有達成，想要的一直沒有得到。另外從成長背景看一個人的性格，他始終對人生（社會、世界）懷著理想性，這是可貴的情操，世間萬物（人、東西、社團、政黨、國家），久了老了，病了壞了，絕大多數要失去理想性，而趨向現實、腐敗，最後崩壞，那是極難抗拒的「黑暗勢力」。

因此，在研究「落蒂魚」之前，先簡略了解落蒂的成長背景。一九四四年生於嘉義新港，新港國小、嘉義中學、南師畢業，當了三年國小老師後，參加聯考進入高師大英語系，畢業後服務於各高中，直到公元二千年從北港高中退休，仍在藝文界做很多事。他從十七歲迷上了詩，至今沒完沒了，他不放過詩，詩亦始終緊緊纏著他。

他生長於農村，曾是《追火車的甘蔗囝仔》，服務於教育界，深耕文壇，這種「土壞」不易讓人流失理想性。故判斷未來，就算八十、九十歲，他仍能保留濃度很高的理想性，他這輩子「不會窮到只剩下現實」。他雖然始終拎著魚簍，到處捕魚(找尋理想)，事實上他也始終保有理想，是故他擁有理想，從未失去理想，也等於找到理想。用「禪話」說，他理想本俱，不須外求（魚或其他）證明他有理想，無失亦無得，無所得卽有所得。我看到詩人拎著魚簍，我微笑，我心知肚明。

但現在我仍要和讀著們一起走進詩人的「理想國」，賞讀一首小詩「釣」（短詩花東，二十二帖之一）：

為甚麼我釣了一輩子
從未釣到一條
魚
一生都在向天空垂釣的老者
仰天發出
沉重的嘆息

《乾坤特刊》四十四期，二〇〇七年十月號

這是寫的很高明的一首小詩，讀著千萬勿著於「相」，應看相「外」之意。所謂**「從未釣到一條／魚」**，只是最想要的尚未得到，其他的早已「釣」到，如當老師、成家立業、退休金、發表了無數作品、拿過很多文學獎、詩作入選許多詩選集等。而那尚未釣到的「魚」，指尚未寫出超越李杜的詩、尚未拿到且最想要的文學獎（如國家文學獎、諾貝爾文學獎等）。人家釣魚都從水裡釣，他從天空垂釣，表示他都走與眾不同的，追求一種不可能達成的理想，爲此而仰天長嘆！《茶花》詩集的魚都在第五輯的「漁歌」，這輯算是詩人想要追尋的理想國，賞讀該輯第一首詩「開始尋魚」：

在東西海岸我尋魚
尋魚而至數不清足跡
足跡在那個民宿
足跡在那個洞窟
那條街那個民藝會館
那個文化園區溫泉SPA

在高山大海間我尋魚
尋魚在峭壁深谷之間
尋魚在神木群裡
是否我要像屈原
自沉於淡水河

是否要像正氣歌
風簷下而展讀詩書
是否也要引頸向天
向天飛出沉沉的
嘆息

《創世紀詩刊》第一四五期，二〇〇五年十一月

但有時作家的理想（標的），並非在一首詩上，而是他對時代環境、政局的敗壞，理想中的政治革新一在破滅，絕望的情緒投射在詩上。如屈原、文天祥、岳飛等人，他們是人格完整的民族英雄，他們也是「理想」，詩人的現實理想注定不能達成，但可以學習心中的理想英雄，自沉於淡水河或風簷展書讀。

這首詩有濃厚的政治意涵，他在許多地方尋魚，表示這條魚代表「政治理想國」。任何人不可能對政治環境毫無反映，尤其敏感如詩人，對政局絕望了，屈原自沉於汨羅江，而落蒂思考是否也要自沉於淡水河；若真自沉了，他便是「台灣屈原」，瞬間也成

了民族英雄或歷史偉人。到底要走那條路?人生充滿著許多難以選擇的困境，人生的堅持是很困難的，平凡的事堅持下去就是不平凡。賞讀「某些堅持」一詩：

你用什麼眼光看我只要
只要你願意我將
我將甘之如飴
將不會長串囉唆辯解
說我是平凡得不能再平凡
日夜尋魚只為三餐
到處閒話魚憔只為無聊
我不是挑剔因為
因為許多魚都不是我要的
我要的魚無關大小
無關種類無關外型無關
無關規格無關什麼或什麼

本來就與一切無關
我讓我的魚簍空空
讓我的魚現折斷
讓寰宇內最大的諷笑聲
四面八方不停的轟炸
轟炸　轟炸　轟炸

《創世紀詩雜誌》第一四五期，二〇〇五年十二月

這首詩讓我想起六祖慧能大師參加師父舉辦的「作文比賽」，他得到「認證」通過，而取得大位傳承的那首詩：

菩提本無樹，明鏡亦非臺，本來無一物，何處惹塵埃

人所要的理想是很奇妙的，有時和大小、多少、美醜無關，金山銀山未必所要，江山不如美人，苦苦一生追求，只不過要一種「感覺」。故《金剛經》裡說：「凡所有相，

皆是虛妄。」詩人在這首詩裡說了一大堆無關，直白的說是「無關一切相」，所以根本也和魚無關，因爲不著於任何「相」上。但眾生（讀者、周圍的人）不懂，不了解詩人在追求啥！於是出現許多說風涼話的諷笑聲，但我懂，故詩人拎著空空魚簍，我微笑。人生的「堅持」是困難的，堅持清淡過日不易，堅持詩創作要很大的犧牲（去賣肉粽的利潤絕對高於寫詩）。若陳樹菊不堅持了，說明天開始賣菜所得不捐，要留給自己養老（也沒錯），八卦新聞要如何諷笑？但可敬的是落蒂仍在堅持，堅持尋找心中的「靈山」。其實詩人若說不堅持了，明天開始不寫詩，要去賣菜做生意，沒人會罵他，只是一生追尋的理想從此「寂滅」了。

這本詩集第五集各詩都是表達類似信念，如「在陽台垂釣」、「上街垂釣」、「夢中的魚」、「空空懷想」、「捕魚聖經」、「在山海間奔波」等。賞讀本輯最後一首詩「尋魚終生不悔」：

觀魚的莊子我不知
不知他是否知魚之樂
杜甫的漁歌入浦多深

我也不知
我仍每日每日沿著
沿著黃昏的海岸尋魚
沿著養殖漁塭尋魚
沿著魚市場的攤販尋魚
我不怕那種腥味
不怕任何訕笑如風聲
你如果來看我未遇
未遇那一定是
一定是尋魚去
尋魚未歸
尋魚在茫茫人海

《創世紀詩刊》第一四五期，二〇〇五年十二月

一個是出世觀魚（莊子），一個是入世賣魚（杜甫），另一個游移於出世入世間尋

魚（落蒂），你（讀者）選擇那種路子。觀魚無所得，賣魚有所得，尋魚尙未得，但若都能自得其樂，便是各有所得。惟以上三人，真能自得其樂只有莊子，杜甫賣魚是一種困境，落蒂尋魚是一種辛苦的堅持和追求，是尙未達成甚至永遠不能達成的理想。只是他永不放棄，終生不悔，一定要在茫茫人海中找到這條心愛的「魚」。

這條「魚」若濶而大之，便如孔明堅持北伐，統一中國，至死於戰場而不悔，是謂「鞠躬盡悴，死而後已」；再如老校長、蔣中正堅持反攻大陸、堅持中國最後必然統一的信念，只死無悔，「以國家興亡爲己任、置個人死生於度外」。或如文天祥堅持不投降就是不投降，堅持走一條寂寞的路，遠離榮華富貴的路。他們都「明知不可爲而爲之」，人之受人感動、可敬就在這裡，成聖成賢成爲民族英雄，也僅僅在此一念之間。

落蒂的可愛可敬，是他堅持在詩創作上走了五十幾年，至今不改其志，他尋到的「魚」雖不如蔣中正、孔明、鄭成功的大魚；但落蒂的魚詩，也是珍貴的魚、好魚，放在當今「魚壇」上，距「大師魚」只有半步。是故，他未來必有幾隻魚經得起時空考驗，游向未來的世紀，叫未來的人觀賞「落蒂魚」。

之三：尋「魚」很無聊，須要「出口」

要把一件事終其一生都堅持下去，是很辛苦、很寂寞乃指很無聊的。例如前面那些堅持，又如單國璽堅持一生奉獻教會，還說下輩子還當主教；星雲大師也是一生當和尚，下輩子還要當和尚，宏法利生。凡此，等於生生世世的堅持，這便是超凡入聖了，他們已非「等閒之輩」，他們已列聖賢「備位」列。

但落蒂仍是等閒之人，他尚未超凡入聖，未來想超凡入聖機會並不太大，畢竟他快七十歲了。所以，尋「魚」過程會覺得無聊，須要有「出口」，經由這些出口，他走過千山萬水，思考一切存在的價值，或拈花示眾，叫人反思空色生滅有無之疑惑，說道是道，說禪亦是禪，如「牆」這首短詩：

一堵牆
高高的
厚厚的
立在那裡

你卻說這裡什麼也沒有

我急急的想攀越
一次又一次的徘徊尋找
在如此冷而暗的冬夜
在如此透明而虛無的牆前
焦急的哭泣

發表於《秋水詩刊》第一四〇期，二〇〇九年一月
在刊於《台時副刊》，二〇〇九年十月一日

詩人爲何焦急的哭泣？因爲他看到許多高高厚厚的牆，在人我之間，在南北、在兩岸之間，乃至國與國、族與族，乃至代與代、親子、兄弟姐妹……還有詩人與詩人、昨天的我和今天的我之間，這麼多牆，許多人死不承認，硬說是沒有。

詩人雖始終懷抱著理想，但世間的現實充滿失落感，「傷心，排開／羞恥，排開」「衝破沒有牆的牆／進入非門的門」（「飄」）；「我的淚也不自覺流了下來／何時會

看到／天燈冉冉上升」（「平溪」）。也確實，在台灣這小島上，你每天看到電視、報紙、所有傳媒，全都是在抱怨、漫罵、八卦、製造對立，無恥的政客製造分裂，詩人多樂觀！多有理想？心情也會受到影響，無聊須要「出口」，有一首詩很無聊，也頗能引發深沉的反思，讀「不如何茶」（短詩花束，第二十帖）：

這種茶喝一口如何
不如何
那麼喝兩口呢
也不如何
不喝呢
更不會如何
眾人仍一口一口喝著

不如何茶

《創世紀詩雜誌》第一六〇，二〇〇九年九月

與這首詩同屬茶系列，同時發表在創世紀的尚有「醉茶」、「吵茶」「蟬聲與茶」、「石頭無語」等都有相同調調，借茶談禪、說魚非魚，這是我把落蒂這本詩集當禪詩讀的原因。禪者、道者，都是不可說、不可解，只能去感覺，卻說不出一個所以然。人在無聊的時候，禪話夢語差不多，只能說詩人須要一個出口。

修改圍棋成西洋棋
修改西洋棋成跳棋
修改跳棋成象棋
五子棋
修改修改修改
我的白色棋子們
全部用力吶喊

凡不合我意者即要修改
凡棋法不同者均非我族類

引「棋人棋語」部分

全詩發表在《創世紀詩刊》一四四期，二〇〇五年九月

這首詩的有趣，如同前面那些「魚」詩無關魚，「鳥」詩無關鳥，這詩「棋」詩亦無關棋，詩人「拈棋微笑」，真相是批判台灣社會成爲「異形」，人人心中只有我且吃相難看。當然，有些正經的詩寫這個時代矛盾、弔詭，如「命名」、「調寄某詩友」等詩；「童年」的童趣很鮮活，如同昨天的事，喚醒許多人的童年記憶，末三句的感傷「他們卻個個淚流滿面／說心早已飛到海的那邊／尋找家鄉的小孩」，和前面的快樂氣氛形成強烈的對比，成爲強而有力的收尾。這樣的年代背景，相同的感傷情境，有點年紀的人（如我），都能感同身受，故能有共鳴。而一些「致某人」的詩作寫得很空靈，意境高遠，體現詩人操作方塊字五十年的功力，如「年年園中光禿禿的枝幹／伸展著／它有稜有角的姿勢／奮力在噓空中／寫詩」（「側寫某詩園主人」末段），再如「如何把月

亮／拿來泡茶／更即興煮酒／一口一口喝著／滿杯的月亮／／沒有酒錢的日仔／你老嚷嚷／月亮請坐……」（「調寄某詩人」部分）。這是詩人的浪漫和樂子，追求理想很孤獨，只好與朋友分享寂寞，分担寂寞，也是一種出口。

這本詩集有一首詩，我越讀越像詩人一生所要、所求而未得又始終不能忘懷的另一種魚——舊情人。正常的男人一生必定會在乎一個女人，那是他心中的「真命天女」，賞讀「甜蜜的苦澀」：

下著小雨的午後
我們相偕走到
斜對面的咖啡館
說著千百年也說不完的心事

你小嘴微張吮著咖啡的
苦澀，並且訴說多年來
心酸的人生

然而，你並不想結束這坎坷
我一杯再一杯的喝著咖啡
如同一杯再一杯的喝苦酒
整個下午
吶吶的不知道說些什麼

雨一直下著
陪你走在雨中
你仍不斷喃喃訴說
是你心甘情願走在苦澀之中

發表於《秋水詩刊》第一三二期，二〇〇八年十月
再刊於《台時副刊》，二〇〇九年十月七日

許多人大概聽說過一個說法，男人一生心力只用在兩方：事業和追求（愛）一個心

愛的真命天女，永恆的情人。我認爲這是非常接近事實的觀察，雖不成「理論」，也是普遍性很高的「現象」。

準此，我在讀《茶花》詩集時，已然有另一個「假設」，詩人所隱喻的那些「魚」，已經不止於詩人所追求的事業理想，也可能代表一個永遠住在他心上的女人，一個永遠精神同在的女人，今生今世的情人，他們曾經相戀，可惜沒有共結連理的機會。

男人爲何會始終懷念舊情人，因爲……許多因爲，其中之一是詩人的寂寞，理想的幻滅，須要一個「出口」，有了出口還能偶爾幽會一下，至少解解心中的苦悶，否則日子怎麼過？

「甜蜜的苦澀」是詩人去秘會情人的「證據」。第一段「說著千百年也說不完的心事」，這是情人的吸引力和魅力，要是老婆說五分鐘便叫煩了。第二段的「小嘴微張」是很動人的意象，她定是個古典美人，她可能也經歷不少苦澀，仍難忘與詩人的那段戀情，仍愛著詩人。

第三段的四行表露了詩人的心情，也是苦澀，說不出的苦，「一杯再一杯的喝著咖啡」，咖啡頂多續一杯，沒有再而三、四，表示內心的苦悶。最後一段他們重溫舊夢，再一次雨中散步，甜蜜的苦澀，但他們已是心甘情願的「粉紅知己」，也就成了今生今世最美麗的回憶。只要有她在，詩人願意不斷尋魚、釣魚。

之四、神州大地・山水勝景・五眼所見

《茶花》詩集第二、三輯，是落蒂兄悠遊於兩岸神州大地，參訪山水勝景，所見之詩寫。落蒂去過許多地方，凡走過都留下的足跡，這些作品雖詩人「親眼所見」，但不完全是「肉眼」所見，而是另有天眼、慧眼，乃至法眼、佛眼，故稱「五眼所見」。（註：欲詳知五眼，可見星雲大師著《成就的秘訣：金剛經》一書。）

光讀第二輯「重塑風景」，詩寫菊島風情、十三行博物館、滿月圓、華山咖啡頌、恆春、平溪、角板山、淡水等。風景爲何要「重塑」？誰有資格重塑風景？應該是詩人對肉眼所見有所質疑，欲重新詮釋或有所警示。

而淡水河的落日
紅紅的掛在出海口
誰也擋不住它的沉落

「淡水老街」末三行

那些過往歷史像倒垂星河
有時閃亮有時晦暗
人們時時發問
留下的這些文件到底
展示多少真話

「紅毛城」中間五行

有人站在碼頭橋上高歌
只有晚風聽懂
他唱些什麼

「漁人碼頭」末三行

以上三首全詩發表於《創世紀詩雜誌》一五九期，二〇〇九年六月；並選入《當代台灣文學英譯，第一五〇期，二〇〇九年冬季號。》

詩人落蒂對人文古蹟（人為建設，非人為自然景物除外），基本上對開發用於觀光利用等，有點存疑，也有點悲觀，因為人們把古蹟當「搖錢樹」，心態不很健全，但用詩表達一種「物觀」或「史觀」，「淡水采風」三首詩是有代表性的，詩人對萬事萬物寫出他的同情心、同理心，只是萬事萬物都在「成往壞空」中輪迴，詩人似乎也以慧眼或佛眼看見了。「高雄史蹟文物陳列館／將來又將變成什麼／海風沒有答案／遠方即將落下的夕陽／也沒有答案」（「西子灣落日」部分），說沒答案亦已說了答案，落下的夕陽明晨也是日出。

詩人對一切「人為」都不樂觀，「遠處半屏山腰／正有一群蟲子／來來往往／啃食已將崩頹的／山石」，罵得好，開發商成了「一群蟲子」；與前段「附近的廟宇香火鼎盛／池上依稀開著／一朵一朵閃光的／小詩」（均「蓮池風景區」部分），前後形成強烈對比，美醜、正邪、生滅之比。

詩人對自然景觀（非人為生成、少人干擾）的描寫，顯得愉悅且清淨，看來「人」這東東真是引人討厭。環保主義者珍古德說：「人類的出現，是進化論的錯誤。」誠然有理。「寫瀑三題」都是健康、自然之作，賞讀其第一首「烏來瀑布」：

櫻花再怎麼艷麗
也只有開幾天
那是一種
瞬間的生命燃燒
更何況
連日來
風風雨雨

只有高懸山崖的
飛瀑
以鷹翔之姿
向下俯衝
引來人們
千百年
仰望

讚嘆

「飛瀑三題」三首詩都發表於《葡萄園詩刊》第一六七期，

二〇〇五年秋季號

這首詩要表達的是瞬間與永恆的對比之美，我到烏來無數次了，所見櫻花仍是櫻花，飛瀑自是飛瀑，從未把二者同時「捕捉入鏡」，落蒂把兩造同時捕來入詩，產生強烈對比之美，確是高明的手筆。

第三輯「過長江預見水鴨子」，詩寫滕王閣、黃果樹瀑布、江西窯里古窯、咸亨酒店、宏村古鎮、貴州青岩石鎮、頤和園、貴州天龍屯堡、登黃鶴樓、過長江、灕江、長程短調、花溪、廬山、黃山。中國有名的景點都到了詩人筆下，而詩人對這些勝景，除讚嘆其在時光流變中曾有的輝煌，還有是同情和質疑，如「宏村古鎮」末二段：

還有多少八百年

在八百年

又八百年

問號與夜色
逐漸由四面八方掩至
黃山上仍傳來
人們遇雪的驚嘆

最高的屋脊上
立著一隻迷途鴿子
正四顧茫茫
不知該飛向何方

「宏村古鎮」末二段，全詩發表於《創世紀詩雜誌》，第一五二期，二〇〇七年九月。

事實上詩人所感傷的正是宇宙之真相，萬事萬物在「成住壞空，生滅興亡」不止息的輪迴著，此種真相卽是「真理」，面臨真理不應感傷，該高興才對。所以詩人是在對生滅表達感傷和不捨，不捨宏村古鎮再多少時光後，也將化爲灰燼，不論萬里長城、埃及金字塔亦然，幾萬年後還在嗎?倒是詩的末尾用「一隻迷途的鴿子」，隱喻古蹟何去何從！但我記得鴿子不會迷路，若連鴿子也迷路了，可見古蹟真的走在十字路口，這是世界性問題。

為何說是世界性問題，目前世界各國政府為搞經濟，曾加收入都在靠「老祖宗」發財，以古蹟、古墓、死人（木乃伊）、古物為標的，獲取利潤；無限制的販賣、剝削老祖宗，凡此均加速古蹟古物的滅亡。

長城對中國之歷史、文化、政治、軍事等，都有巨大的影響，但詩人在「長短短調」一詩，把層次升高到人類歷史與戰爭問題，不僅質疑且持否定觀點，認為是在「追逐一個虛無的夢」，這當然只是詩人單純的想法。若歷史家、軍事家定是大不同的見解。世間永遠沒有「統一的價值」，但一件事從古至今不斷發生，未來也永不止息，這到底「正常」或「不正常」？

「黃山去來」三首之一的「歸園」一詩，有些詭異，詩的末段是「每個屋簷／彷彿都藏著一雙／張望的眼睛／我注意到了／未乾的淚痕／正隨著黃山上吹下的冷風／訴說著／一直未了的心願」。難道詩人身兼情報人員嗎？到處受到監視，「未了的心願」指啥？像是猜謎語。這輯最好的一首詩，「夜遊圓明園」（分八首組詩），讀第一回就不忍再讀，不堪回首啊！但我也曾寫圓明園，並主張永遠保留「原樣」，不要修護，使其成中華民族永久「國恥」印記，以警後世炎黃子民。倒是「過長江偶見水鴨子」這首短詩，可一讀再讀，因其鮮活空靈的意象，有著無邊想像力，讀起來心情暢快。抄錄雅賞：

暮春三月
江水平鋪成一張長長宣紙
水鴨浮游江上
驀然凌空飛起
再江面上寫出五六公尺長
飛白
涵意是深了些
然後
以懷素的狂草
在水面形成
一幅抽象波紋
至於

潛在水下所寫
就不知是米芾
或八大山人
或我心中的股
涼意

發表於《中華副刊》，二〇〇八年六月八日

把長江說成一張長長的宣紙，把幾隻鴨子在水面濺起水花，想成書法狂草，只有落蒂才有這種想像力。本來只是車過長江吧！一趟平常的旅遊，談不上與中華文化有何關連。但詩人用「宣紙」和「狂草」兩個名詞意象，便和中華文化有了連接，而且宣紙和狂草是中國「特產」，有獨特的文化意涵；再加上潛在水下的米芾和八大山人，使這首詩除了有空靈絕美的意象和想像力之外，更有了文化的厚度。

本來凡是用方塊字（中文）寫詩、寫作，乃至寫武俠或任何文體作品，都須要「母體」的活水源頭，作品才能有「生命」，說白些，就是有人看，讓人看了有「感覺」有「共鳴」。這個「母體」就是中華文化，就像這首詩，若把中華文化意象全部抽離，詩只剩下鴨子，只能拿當烤鴨，配兩瓶冰啤酒，吃完也就沒了。有了中華文化意涵，提高了詩的「附加價值」。余所言，看倌以爲如何！

結語

按我對落蒂的了解，他是一個很執著、專業而正經的詩人，他的詩都「正經八百」，本著詩人的使命感，謹慎創作每首詩。雖有打諢、詼諧之作（如輯三的「咸亨酒店」），也展現了他的逗趣才情。

總的來說，這本詩集的許多詩中，意涵著禪意、佛法，以第一、五輯最明顯，其他各輯仔細看也看得出。

仍然是紅磚式的建築
仍然是那把空空的椅子
仍然是一位孤獨無助的老人
仍然是低沉的海潮音
仍然是將沉

未沉的

落日

「溪子灣落日」末段

五個「仍然」在說甚麼？是不是《心經》的不生不滅……無智亦無得的意象？一切本有，一切都在原點，無失亦無得。就是那首寫恐怖的九一一事件的詩，也是非常佛法，賞讀最後一段：

九一一已矣

雙子星已矣

人們仍然日日夜夜

如獨行的危舟

不知何時會

飛灰

湮滅

（行吟者：朱門酒肉臭，路有凍死骨）

「行吟者」末段

全詩發表於《創世紀詩雜誌》，二〇〇七年十二月

戰爭其實是人類社會發展的常態，如人要吃飯拉屎一樣，必會發生的事，只能說是「文明的產物」。大約在八千年前人類進入農業時代開啓「第一波戰爭時代」，工業文明開啓「第二波戰爭時代」，資訊電腦又開啓「第三波戰爭」，而美式的「隱形帝國主義」使賓拉登有機會開啓「第四波戰爭」。（欲知戰爭概論相關學說，可讀我的相關著作），此文不談我的戰爭，談落蒂的戰爭。

落蒂在這首詩已經說了戰爭的「常態性」，自有史以來日日夜夜隨時會發生。只是從佛教的「緣起法」觀，世間一切發生的事必有因緣，但也緣起緣滅，在「生住壞空」的輪迴中，最後都歸「飛灰／湮滅」。

本文從不能寫、不能說，到一發不可收拾，有如落蒂在自序一開頭說：「詩，一直是我的最愛，從十七歲迷上它，就沒完沒了。」他這本詩集也是讓人沒完沒了之作，多數的詩你會有老莊講道、禪師說法的感覺，讓你又想去印證《心經》、《金剛經》或其他經典的觀點。

不論落蒂拈著一朵花，拈一條魚、一隻鳥、宏村古鎮的一隻鴿子或長江水面的鴨子，他總有示意，有禪意，使看的人會心微笑。他是當代兩岸詩壇的禪師，他以詩「講經說法」，別說你「莫宰羊」！

本文之寫作斷斷續續，看東寫東，讀西寫西，並非有系統之學術論者，是我讀詩的心得筆記。只因自己對詩並非專業，不過是有所感覺而筆之以書，針對一本詩集沒完沒了的寫這麼多，似也太過頭了，就此收筆。（開筆於二〇一一年秋，初略完稿於二〇一二年春，定稿於炎夏。台北公館蟾蜍山萬盛山莊主人　陳福成。）

小記：本文所引各詩，均見落蒂著，《一朵潔白的山茶花》（台北：秀威資訊，二〇一〇年六月）一書。

落蒂，本名楊顯榮，台灣嘉義人，一九四四年生，高雄師大英語系畢業，台灣師大英語研究所結業。高中英文教師退休，一生從事文學創作，寫過的專欄、出版過的詩評集、詩集、散文集，得過的獎項，以及作品入選各種詩選集、担任文學獎評審、編詩雜誌等，只能以不計其數說之，故略。

補記：本文因太長了，我除寄一份影本給落蒂外，並未在任何刊物發表（二〇一二年冬）。

關姊的畢業考：後山兆豐慕谷慕魚兩日遊

「自在彩霞按時到，車上吱喳音嫋嫋；咖啡熱茶人亦香，關姊畢考成績好。」這是本校（臺大）退休人員聯誼會再第十任理事長丁一倪教授領導下，所辦最後一次的二日遊活動，活動組長關麗蘇小姐一再宣稱，這是她的「畢業考」，一上車的情景，這美麗熱情的風景，已爲關姊的畢業考打了成績，榮獲滿分的第一名，應得「市長獎」。這當然也是辦公室同仁全體努力的成果，永遠成爲校史的一部份。

這是此項活動要出發之際，參加同仁及眷屬在校門口等待、集合、上車那瞬間的情景，給人的感受。可見老朋友、老夫妻們對關小姐辦的旅遊不僅有期待，也有熱情，有暖流在心頭。

今（二〇一二）年的九月似乎颱風多，好險台北地區平安過關，近日劇聞也有颱風，還在那遙遠的地方。但這兩日遊（九月十九、二十）仍屬陰天，偶有細雨，是出遊的好天氣。早晨的台大校門口，一向頗有人氣，八時不到全車都到齊，一部大型遊覽車，四十多人，許多熟面孔、老朋友，導遊小姐開始介紹新朋友，高閩生（夜間部總務組長退）、盧秀菊、鄭雪玫……

兩日花蓮之旅，我們走雪山隧道，先到蘇澳新站換乘莒光號到花蓮。遊覽車才一上路，關姊和麗華分別報告旅遊細節，關姊特別分享她即將「畢業」的心情，引得大家陣陣掌聲；接著麗華逐一送上一杯溫熱的咖啡，車上沖溢香氣，大家喝著咖啡聊八卦，八卦未聊完，熱茶又到了，這個活動的成功，導遊小姐的熱心、細心，亦有功焉！

九點五十分就到了蘇澳新站，花蓮火車十一點半開，有近二小時在車站附近散步、我數十年未乘台鐵，有些新鮮，大家在車站休息、購物、聊天。方教授號召大家來唱歌。一時，「龍的傳人」、「苦酒滿杯」、「秋蟬」……，一首首老歌響徹整個車站。

信義學長提起此行有多位高齡老大哥，車站裡一時譁然，大家「比老」，經信義兄逐一查問比對，本書記列入紀錄，鐘鼎文教官春秋九十一、李學勇教授九十、洪立先生九十、方祖達教授八十八、鄭展堂教授八十八。「五老」合計四百四十七歲。眾人驚呼，這個年紀還能參加旅遊，像一尾活龍，不知道自己到那年紀還能動否?確實，那是「天命」，人人有希望，個個沒把握，活在當下最重要，快樂自在的今天，勝過許多不確定、不知道的未來。當一朵「最自在的彩霞」吧！（註：順帶廣告，《最自在的彩霞》，是本書記特為退聯會編寫的一本書，已由文史哲出版社公開發行。）

東線鐵路美景無限，火車前行，極目望去，一邊是茫茫大海，一邊是青綠高山，雙雙對對在座位上賞景、沉思或小憩。不到下午一點就到花蓮新城，二十年前我在此任花防部砲指部副指揮官，見車站如見老友。換乘遊覽車到一處叫「滿庭芳太監雞」的餐廳午餐，位於新城鄉順安村北三棧，少不了是一桌桌東部後山的風味美食，最好吃的是土雞肉，口感十足，我和妻平時粗茶淡飯，少油少鹽少肉，遵守醫生的叮嚀，今天「解放」了！

下午的時間，我們參觀位於奇萊山和能高山峽谷間的原住民部落，聽這裡的地陪講銅山電廠、慕谷慕魚、太魯閣族人抗日的英雄故事，微風中有細雨濛濛，好像回到當年台灣原住民馘下倭人的頭顱之情境。（「馘」，音ㄍㄨㄛˊ，戰爭時割下敵人的左耳或頭顱，以示戰功證據及神勇。）

倭國佔領台灣時，許多原住民發動強烈抵抗，以番刀對抗倭人的現代兵器。太魯閣族曾在某夜，發動對倭人奇襲，一夜割下一百零九顆「倭人頭」；當然倭人不會善了，太魯閣族險些滅族，但這是族人永恆的光輝。

銅山電廠的隧道有二十公里長，是傳統工具打出來的。地陪特別提到孫運濬、李國鼎、蔣經國等人對台灣東部電力發展的貢獻。確實，他們的清廉永爲後人懷念，是歷代炎黃子孫的榜樣，他們手握大權而未腐敗；反之，我們也活生生的看到另一種人，如林益世、陳水扁和吳淑珍一家人，他們的貪污腐敗，永遠成爲歷史的「負面教材」，一臭萬年。最近我聽人說笑，「豬永遠是豬，人未必都是人」，也確實，有的人連狗都不如。

「慕谷慕魚」，原先我以爲要到花蓮吃一種魚的名稱。後經地陪解釋，是一個頭目的名字叫 **Mogoumoli**，順音叫成慕谷慕魚，也成了觀光圖騰。到了都勇部落，見一看板「馬路鼠猴」，原來是族語發音，意思是你好、歡迎，也成爲一種賣點，真是創意無限。

在清水溪、木瓜溪、龍澗，有說不盡的故事，灣月峽谷有台灣九寨溝美名。但最珍貴的，還是這裡未標價格又價值連城的空氣，好想帶些回台北用。

到了兆豐農場晚餐已七點多了，也許辛苦了一天，肚子也餓了，一桌美食祭五臟諸神，每桌吃的碗盤朝天。正好何主秘今天生日，大家一併慶生。

晚上我和信義、高閩生、羅吉雲睡「玫瑰六二八房」，妻與另四位美女一房。睡前有人說：「我會打呼，大家見諒」。，我答「打雷也無所謂」，果然十點多一片安靜，全都睡著了，想必是累了。

第二天早餐後，八點多到十一點間約有兩小時自由遊園。兆豐農場很大，遽聞有數百甲地，區分動、植物，成人小孩等數十玩樂區，兩小時自然是看不完。我們先乘小火車遊園一圈，剩下一點時間，信義兄夫婦和我與妻，就在附近散步，走到九曲湖賞錦鯉魚，涼亭裡聊天賞景，不遠處有儷影雙雙，與花園共構成一幅生命風景。

快樂的時間總怱怱，像是無憂的童年瞬間就過，烏溜溜的秀髮怎成了霜鬢冬雪。離開兆豐農場，我們到一家叫「添丁野菜園」（在鳳林鎮林榮里大雅一號）午餐，也是一桌美食，土雞肉也好吃，烤竹雞很香，山豬肉也不錯。（註：據聞，目前台灣山區少有山豬，花東所謂的「山豬」，是平地豬種放養於山地。）大家正吃的不亦樂乎！突然一群人立於牆邊，把頭抬的高高，我以爲大家欣賞絕世名畫，也好奇趨前看究竟，只見牆上一幅字：

這是一首打油詩，千萬別會錯意：
牽著老婆的手，好像左手摸右手，一點感覺也沒有；
牽著小姨子的手，後悔當初摸錯手；
牽著同事的手，後悔當初沒下手；

牽著小情人的手，一股暖流往上走，好像回到十八九；
牽著情人的手，好像水魚咬上手，要甩也甩不走。

我首先佩服這家老闆很會做生意，把握人的好奇心、新鮮感，可以引來更多的客人。君不見那電視電影中，凡「小三」越生猛，收視率越高，而那講倫理道德的收視率可能就慘了。一群人又發現「寶山」，原來老闆把一些有趣的詞句印成名片，放櫃檯上任人取閱，另有兩種，因眾人喜愛，抄錄如下：

（人生）
出生一張紙，開始一輩子。
畢業一張紙，奮鬥一輩子。
婚姻一張紙，責任一輩子。
做官一張紙，爭鬥一輩子。
金錢一張紙，辛苦一輩子。
榮譽一張紙，虛名一輩子。

看病一張紙，痛苦一輩子。
悼詞一張紙，了結一輩子。
淡化這些紙，明白一輩子。
忘了這些紙，快樂一輩子。

（酒色財氣歌）

正面：
酒是迷人的妙藥，色是刮骨的鋼刀；
財是下山的猛虎，氣勢惹禍的根源。
反面：
無酒不成禮儀，無色路斷人稀；
無財社稷蕭條，無氣易被人欺。

怪怪，這家餐庭快成了「鄉土文學館」，難怪我看今日並非假日，生意也算興隆，原來另有引人之處。

午餐後就要打道北歸，從花蓮乘火車到蘇澳新站，再轉乘遊覽車回台北，晚上六點在深坑舜德農莊享美食晚宴，回到家才八點多，夢中仍憶起這美好的二日遊。

回程的路上我們轉型成爲「臺大採購團」，每個人儼然是採購團團長，大包小包，只恨遊覽車不能像火車這麼大。尤其車上那位原住民少女的幽默行銷，獲得全車人的欣賞，生意特佳。沿途歌聲不斷，倒是我的一首「爲著十萬元」台語歌，引起眾人興趣，休息間紛紛問起這首個是多麼道地鄉土，也唱出古早時代部分不幸少女的心聲。

這首老台語歌因最近有一位台電工人彈吉他唱，才使老歌又流行。爲滿足本會會友的須要，將這首歌的詞譜附於文後，供大家欣賞吟唱。

但娛樂之餘，吾人仍要對古早時代經歷過這種苦難的婦女同胞，表示無限同情和感同身受。早年可能因貧窮，才有母親把女兒推入火坑，賣了幾年還當貨物又賣給人當「小三」（可能也有因此脫離苦海的）。吾國先賢管仲說「衣食足之榮辱」，現在台灣雖不算是世界級富國，至少也幾乎是人人「衣食足」，想必賣女兒的事不應再有，且這是違法的事。

本文僅就這回二日由經過，儘可能實記，深感關姊的「畢業成績」極佳，給他做一個難忘的畢業紀念。（二〇一二年中秋前夕。草於台北公館蟾蜍山•萬盛草堂主人、臺大退聯會理事兼書記　陳福成誌）

新光兆豐休閒農場
SHIN KONG CHAO FENG RESORT RANCH

台灣梅花鹿展示區
7

紅狐

白猴

印度大犀鳥

黃化浣熊

大嘴鳥

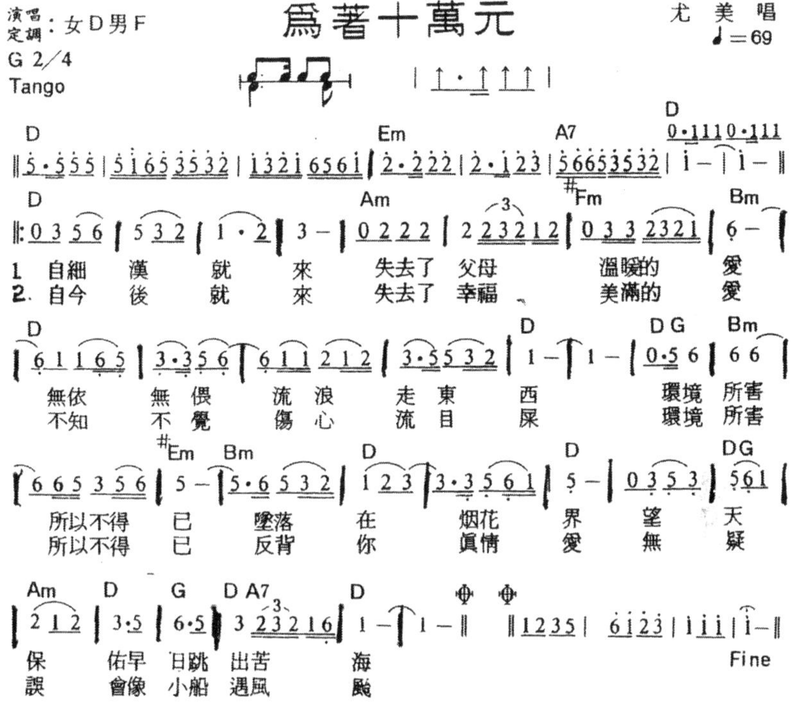
演唱定調：女D男F
為著十萬元
尤美唱
G 2/4
Tango
♩=69
1. 自細漢就來失去了父母溫暖的愛
2. 自今後就來失去了幸福美滿的愛
無依無偎流浪走東西環境所害
不知不覺傷心流目屎環境所害
所以不得已墜落在烟花界望天
所以不得已反背你眞情愛無疑
保佑早日跳出苦海
誤會像小船遇風颱
Fine

原歌口白：

女：阿母人我明仔再就不免去出勤嘍！

母：是啊！明仔再你就自由嘍！

女：嗯！（驚奇）！阿母你那會知影？

母：那會不知，早起王阿舍有來，我已經將妳賣乎伊，聘金也提了！

女：呀！不是啦是另外有一位人客提一萬元要來給我贖身。

母：哼！一萬元！妳都也講會出來。

女：阿母！你以前不是講有了一萬元就會凍乎我自由也……這拵……。

母：這拵喔！這拵時機不同款嚕！一定要十萬元才會用哩，我就是將妳賣乎王阿舍十萬元。

女：什麽？十萬元！阿母我！我不啦！

母：阿不！十萬元提來！也那無十萬元死著免講。

女：阿母！十萬元……十萬元……十萬元啦……。（口白後接第 3 段）

改良口白：

女：阿母！人我明仔再不免上班啦！

母：是啊！明仔再你自由嘍！

女：啊！阿母，你那知影？

母：當然知，我已經將妳賣乎理事長，訂金提了。

女：呀！不是啦！是一位人客提十萬元給我贖身。

母：哼！十萬元是訂金，我賣理事長是200萬。

女：阿母！以前你共十萬元，這拵……

母：時代進步啦！夠共你，至少值200萬。

女：什麼？200萬，我不拉！

母：死查某鬼仔，無200萬，打給你死。

女：阿母，我干願去死啦！

→接唱第二段

讀台客詩集《續行的腳步》

——為創作一款傳世經典向前行

台客兄以其第十一本詩集《續行的腳印》，向世人宣誓人生未來的發展方向，「作爲一個詩人，我會堅持到底，絕不中途離席。希望往後每五年，自己都能繳出一張成績單，直到生命終止的那一刻。」可賀可敬！他已具備「創作一款傳世經典」的精神。

對於能把一件事情執著一生，用一生多數時光心力去實踐他，而那種是有益於社會眾生，便是偉大的事業。我心中能創作「偉大的事業」的人，不是光指蔣中正、毛澤東那些人。賣菜的陳樹菊，一生以菜販所得默默行善，這是偉大的事業。以前有一個老兵叫王貫英，一九四九年來台後不久就退伍，他立志一生撿垃圾收破爛，買書送各學校圖書館，日久後連自己住處也書山書海（在台北市汀洲路），他死後台北市政府鑑於他是「現代武訓」，成立「王貫英紀念圖書館」。如王貫英一生所爲，亦是偉大的事業。

是故，台客若確能堅持一生爲詩創作努力、爲兩岸詩壇「鞠躬盡瘁、死而後已」，他便是我心中「偉大的詩人」，他做的就是偉大的事業，他必有幾款傳世之作，讓後世子孫知道在廿、廿一世紀，曾有一位了不起的詩人叫「台客」（原名：廖振卿），他曾經在兩岸詩壇有過怎樣的貢獻！

對於這樣有未來性、有潛力的詩人，他的第十一本詩集《續行的腳印》（秀威出版、二〇一〇年七月），我自然要專心拜讀，並用心也出一點東西。

壹、對「南北雙古」論述小有不同看法

《續行的腳印》詩集，由中國現代文壇詩界又是學院派的兩大名家，對台灣現代詩發展極有研究的「南北雙古」，古繼堂教授和古遠清教授提序，對土生土長於台灣的詩人台客，有深厚的意義。我對二古的序，亦多有同感，稍有小小的不同看法，略說之。

古繼堂教授在序一「序台客詩集《續行的腳印》」一文，提到「台客始終有一種大中國的情懷。」每回有人向我提到「大中國」或「大中國主義」，我必定要反問他「何謂大中國？」對方通常吱唔其詞，答不出所以然。我乘機進問：「有大中國就有小中國，

那何謂小中國？」對方也通常目瞪口呆，不然就亂答一通說：「反正，反正嘛！就是中國遲早要統一啦！」

大凡碰到這些問題，對方只好乖乖聽我解說：中國就是中國，沒有所謂大中國、小中國之說，那是不懂中國史的人信口之說。中國自古以來就只有一個，秦漢以後成爲統一的國家，也有分裂的時代，但分裂都是短暫的，不久又會回歸到統一的國家。是故，中國古來只有分裂或統一，興盛或衰落，從未聞有大小。

古遠清教授在序二「筆意蔥籠，韻味充足：序台客《續行的腳印》」一文，有二行字「言重了」，「在台灣，寫詩是一種寂寞的歲月，是一種近乎『自殺』的行爲。它沒有市場，也沒有讀者，更不可能有粉絲。它不能挣到銀子，反而要貼去大量的金錢和時間。」

古老這段話不僅言重了，還有點過頭，也是很不精確的構句用語。首先說「在台灣，寫詩是一種寂寞的歲月」。試問，在大陸、美國、英國……非洲部落國……那裡的詩人寫詩不就度著「寂寞的歲月」？乃至古今中外，古羅馬、希臘，我國漢唐盛世……那個朝代的詩人不是過著「寂寞的歲月」？何況所謂「寂寞」，也有程度、對象的差異，你寂寞，他不寂寞；昨日寂寞，今日不寂寞。再者，我聽過不少行業的人說「這是寂寞的行業」，美國五星上將布萊德雷也說過「軍人是寂寞的行業」。所以，古老的「寂寞說」不合社會發展史的事實。

再說近乎「自殺」的行爲。雖然古老只用「近乎」形容，還是過火了。若古說成立，則余光中、洛夫、羅門、張默……乃至所有葡萄園、秋水、創世紀、乾坤……及全中國，至少數十萬像台客那樣「執著」於詩創作的詩人，都在進行著近乎自殺的行爲！

三說「沒有市場，也沒有讀者，更不可能有粉絲。」古老此言是泛指「在台灣」，並非指台客，但台客在台灣，故古老這個說法涵蓋全台灣，當然也包括台客。但此說又犯了很大的錯，因爲台灣至少有幾個詩人，他們的作品確是有市場、有讀者、有粉絲（如余光中等）。我要強調的是方法論上的問題，就像你看到九十九隻烏鴉都是黑的，還是不能說「天下烏鴉都是黑的」（我親眼看過白色烏鴉）。這樣的用語在平常閒話、談八卦可以說，用於學術，爲一個詩人提序，不宜使用；尤其大學教授受過嚴謹的學術訓練，任何用語不應犯方法論的錯誤。當然，詩語言就例外了。

四說「不能掙到銀子，反而要貼去大量的金錢和時間。」我並未去考證研究中國歷代詩人們，有那一朝代或那些詩人，他們寫詩是爲了「掙到銀子」，但我以我的知識學術基礎「合理判斷」，是沒有的，雖有詩人得到帝王貴族欣賞，得到些好處（如美酒、銀子），但詩人的動機也並非為「掙銀子」。我只聽說大陸的作家詩人是國家給薪水的（詳情待查），那麼大陸的詩人不管寫出怎樣的作品，確實能掙到銀子，而且不用「掙」，每月照領就對了。其實，我的強調重點不在「銀子」上，因為世間有許多價值極為珍貴（如仁義道德、公益布施、文化信仰等），都是賣不出銀子的（除非進行商品化策略），但有無尙價值。中國歷史眾多詩人留下珍貴的文化資產，就是因為不掙銀子，執著於創作，吾國才成為「詩之大國」，不是嗎？

貳、《續行的腳印》略覽與篩選

本詩集編成四輯共計一二三首詩，基本上維持台客一貫的詩風和技巧：健康、明朗、中國、清新、樸實。我初略拜讀，在仔細思索，似感受到「大唐詩風」回來了，是故，我按自己認定的「好詩」標準，為本詩集做一篩選工夫，首先得說明「好詩」的標準。

多集《葡刊》曾開放討論「何謂好詩？」有說意象經營者，有謂詩語言如何創新，有提「跳接」如何等等。但我認為讓一般人都能看懂且感動是第一要件，餘均次要，而感動的前提是讓人一看就懂（明朗），所以好詩的唯一要件就是感動人，由其感動天下人，感動千百年的人，就算意象不怎樣，也沒有「跳接」布局，還是上選好詩，叫千百人代代傳誦。

我舉例證，千餘年來我國傳誦最普遍的詩，大概不外如王之渙「登鸛雀樓」，「白日依山盡，黃河入海流，欲窮千里目，更上一層樓。」；李白，「夜思」，「床前明月光，疑是地上霜，舉頭望明月，低頭思故鄉。」；杜甫「春望」，「國破山河在……」等，類似這樣的作品，歷代都有。吾人檢視這些作品，有多高明的意象經營？沒有甚麼「跳接」上的設計，都是清新明朗樸實的直誠感懷，鄉巴老念給他聽，小朋友讀，都能懂才能深受感動，傳誦全天下，傳世千百年，這便是好詩。

所以我按「能感動人」爲好詩首要條件，在讀完台客這本詩集後，做一初略篩選，選出那些是動人的詩章。

輯一「感懷與有贈」。有詩十三首，悼大象林旺、敬悼詩人周興春和文曉村老師、寫陳樹菊等幾首，都有感染力，能動人心弦，讓人心弦上能彈出一點回響。但感染力最強，能引人感動感概並深思，則非「人生六十感懷」和「軛，終於卸下——退休感言」。

輯二「感時篇」。有詩二十九首，「九月，在凱達格蘭大道」、感時三章、四川大地震、「想起八二三」、「壽國永昌」等，都算健康、平實，詞句的感動不強烈，但以其真誠補文字之不足卻明顯而強烈。而感染力最強至能引起驚怖，則有「三一九」、「這一隻碩鼠」、「海角七億」、「一群綠頭蒼蠅」、「聞老李被起訴」等五首詩，雖未必驚天地，泣鬼神，但天地鬼神讀之亦有感。

輯三「山水映象」，是台客周遊列國異邦及祖國大地的名山勝景作品，他去過的地方我都沒去過，對我產生不了感應。只有山西行、川渝之旅、江西行等作品是我和台客同行，我能理解詩中的感覺，這些詩像是台客的旅行日記詩。本輯「和樓蘭美女相遇」，是整本詩集中唯一不感人又不感動的詩，屬於有趣和詭（鬼）異的詩，半夜讀之有點毛毛的：「和樓蘭美女相遇——遊新疆維吾爾自治區博物館」

和樓蘭美女相遇／在一個陽光燦爛的早晨／她笑容滿面坐於涼椅上／一頭秀麗長髮飄逸

我和她親切的打招呼／她點頭默默不語／一雙深邃的大眼睛／彷彿不斷向我訴說

三千六百年前的風沙／在她身上不停飄過／一個的原因／她成了時光的過客

三千八百年後／她卻又幸運的復活／如今她每天打扮亮麗／接待一批批慕名而來的觀光客

而她的生活可真忙碌／有時竟也悄悄出國旅遊／前陣子我才在台北看過他／如今她又跑到香港去做客

這一首純靠想像力加上創意的詩，雖明朗但有深意，寫盡了「樓蘭女」的前世今生。只是她滿面笑容向台客打招呼，又有一頭秀麗的長髮，一雙深邃的大眼睛，時間點是陽光燦爛的早晨；若是晚上，定當是「阿飄」，詩人的詩就寫不出來了。所以，這首詩詭異、有趣又很有創意，台客耕耘詩作四十年，這首詩看出他的功力。

輯四「抒情篇」有詩二十二首。能引人同聲感嘆、同情者是「外勞悲歌」，感傷又驚恐的是「加護病房」，引人感悟又能感動人心叫你反省是「是你，拯救了我」，而「遠行」一詩感傷卻很濶達樂觀。

詩終究還是詩，「明朗」和「白話」、「散文」畢竟不同，詩語言和散文語言亦不同，此不必多言。綜合台客這本《續行的腳印》，我篩選出最好、最感人、最有可能傳世的詩有十二首，按名次排序如下：第一名「三一九」，依次是「軛，終於放下」、「人生六十感懷」、「這一隻碩鼠」、「是您，拯救了我」、「一群綠頭蒼蠅」、「聞老李被起訴」、「加護病房」、「和樓蘭美女相遇」、「遠行」、「外勞悲歌」、「海角七號」。

寫詩是一種很主觀的藝術表達，讀詩賞詩解詩當然也是主觀知覺的感受感動。以下再用一些著墨說明篩選排序的理由，爲免本文冗長，只針對前六名解說。

參、找尋台客可以傳世之作

第六名：一群綠頭蒼蠅

一群綠頭蒼蠅
嗡嗡嚶嚶，整天
在我的頭頂上盤旋
揮之不去，趕之不走
一群令人討厭的傢伙
牠們熱愛逐臭
也喜歡沾染美食
一度，牠們成功的蟠踞住

一座百層大蛋糕的美屋
得之不易，牠們集體
肆無忌憚大吃大喝
吃相難看，終於
引起大家的反感
費盡心思把牠們趕走
但牠們並不死心
仍然成天嗡嗡嚶嚶
四處亂竄，不斷
騷擾著人們的視線
唉！這一群綠頭蒼蠅

二〇一〇年五月《葡萄園》詩刊，第一八六期

這是一手成功的政治批判詩，杜甫的名句「朱門酒肉臭，路有凍死骨」，把批判對象直指「朱門」；台客則把批判對象隱藏起來，而用「綠頭蒼蠅」或代名詞「牠」代替，

使意象更鮮明，這種意象屬於惡臭、骯髒、下等、下流，光搞族群分裂是社會人群很難去除之惡。但邪不勝正，文化是一種無形的力量，可以穿透時空，打擊魔鬼。故如李杜，無權無勢，但「李杜文章在，光焰萬丈長。」誠可信云。（《新唐書》本傳贊）。

台客詩中的「綠頭蒼蠅」是誰？讀者心知肚明，我亦不破解，保留些想像空間。幸好這些蒼蠅都一隻隻關入牢籠。但蒼蠅不認爲自己骯髒，牠爲求生存要反撲，這是正義和邪惡的永恆之戰，詩人是筆的戰士。只要詩人在，蒼蠅永遠沒有最後勝利的機會，否則中國歷史早已打烊（亡國亡種）了。

第五名：是您，拯救了我

是您，拯救了我
茫茫人海，滾滾紅塵
您，像一盞明燈
時時指引著我
向真、向美、向善
向靈性的道路進發

是您，成就了我
文海縱橫，兩岸騁馳
我像那位唐吉訶德武士
揹著您賜予的寶劍
四處衝撞
無往而不利

是您，圓滿了我
生命中因為有您
宛如烏雲密佈的天空中
出現一道彩虹
如此的燦然、亮麗
讓世人投下驚鴻的一瞥

二〇一一年十一月《葡萄園》詩刊，第一九二期這首詩在結構上，用拯救——成就——圓滿的三段論法，象徵人生追求真理，完成自我實現的過程。語言平實而富深意，詩中「您」是誰？有那麼大的能耐可以拯救台客。而事實上誰也救不了台客，是台客自己救了自己。用佛法解釋，是台客找到自己的「自性」，即「本來面目」，是所謂的「明心見性」，見自己之本性、佛性，故能散發光熱，縱橫文海，馳騁兩岸。

按照台客的學經歷背景，他應先有二種自我實現的途徑。一者他是成大外文系，學外文搞翻譯（口譯、筆譯）；再者他是公務員，好好努力向上爬，若再學幾套拉關係套交情的本領，或善用三十六計（如三一九槍擊案用的是瞞天過海之計），三十年必能大權在握，雖不能成金字塔頂層，至少也是中上層人物。但台客沒有走那兩條路，用功於文學創作，努力寫詩並在《葡萄園》經營的有聲有色，文學使台客的人生亮麗、圓滿。

第四名：這一隻碩鼠

這一隻碩鼠
曾經長期躲在

一座豪華穀倉裡
大吃大喝，且A走
一袋又一袋
黃金般上好的穀粒

而今東窗事發
碩鼠不斷四處逃竄
且齜牙咧嘴，威脅著
欲逮捕牠的執法者
眼看網子越收越緊
碩鼠入籠日期不遠

二〇〇八年十一月《葡萄園》詩刊，第一八〇期

台客這首詩真是太妙太神了，神在和《詩經》「魏風，碩鼠」篇，兩詩相隔四千年，但諷刺貪婪腐敗的統治者如出一筆。現在台灣這隻碩鼠是誰?我亦不破解，大家也心知

肚明，專搞族群分裂的鼠輩，台客的詩筆也未放過「海角七億」。我嚇然發現現在台灣這些碩鼠，與四千年前那批碩鼠，基因竟仍相同，鼠輩永遠不能進化成善類，試讀「古碩鼠」。

碩鼠碩鼠，無食我黍！三歲貫女，莫我肯顧。
逝將去女，適彼樂土。樂土樂土，爰得我所？
碩鼠碩鼠，無食我麥！三歲貫女，莫我肯德。
逝將去女，適彼樂園，樂園樂園，爰得我直？
碩鼠碩鼠，無食我苗！三歲貫女，莫我肯勞。
逝將去女，適彼樂郊。樂郊樂郊，誰之永號？

這首詩經「碩鼠」和台客「這一隻碩鼠」，古今相輝映，都對統治者的貪婪腐敗有極大批判力，除了是詩是文學，也是一隻批判黑暗勢力的筆，一把維護正義的倚天劍屠龍刀。

第三名：人生六十感懷

竟然已走到了這裡
人生第六十個驛站
放眼四野蒼茫
遠山白雪皚皚覆蓋

走過無憂的童年的春
走過燦爛的青年的夏
走過穩重的中年的秋
如今，面對的是一季酷冷的冬

而我還無法休息
路途艱辛仍需持續努力

或許有一天我力盡倒下了
台下才會有稀疏的掌聲響起

二〇一〇年五月《葡萄園》詩刊，一八六期

或許因爲我也到六十歲，對這首詩才感同身受較深，而能排在第三名，但確是好詩，古繼堂以「觸目驚心」名之，我讀之亦心頭一震！

第一段「竟然」二字帶頭，有如禪宗禪師一個「棒喝」，叫人從夢中驚醒，接著「已走到這裡」，甚感驚恐，失去了已不能挽回、不能回頭，第六十個驛站了，離終點站該是不遠了！怎不叫人心頭一震。「放眼四野蒼茫／遠山白雪皚皚覆蓋」，是到了六十歲大關，看看現在面向未來，都是很冷酷、嚴肅的場景，人生要怎麼「收場」，有點不情願，但須面對，絲毫馬虎不得！

第二段用春夏秋冬比喻人生各階段，甚爲傳神合景合意（四季意象）。人生大約在青少年以前，每天都是春天，不知愁不知憂，許多人過了青少年就結束了春天。到了青年熱情如夏，澎湃的情緒似艷陽，也是最有正義感的年代，勇於赴死的烈士大多是青年。大約中年以後，早已經歷過人生的冷暖，景物的感受開始變得意興蕭索，到了老年得面臨「最長的冬天」。按台灣的法律要六十五算才叫「老人」，現代人壽命長，六十五到七十五叫「青年老人」，七十六到八十五叫「中年老人」，八十六以上叫「高齡老人」，九十滿百的老人也很普遍。所以，若六十歲退休，活到九十才走，漫長的冬天有三十年。

是故第三段詩人還無法休息，他誓言要創造第二春，要在文壇詩界持續努力。最後一行「台下才會有稀疏的掌聲響起」，也是很嚴肅、很困難的，表示人生不論多努力，要劃下完美的句點，得到所有人的掌聲何其不易。台客盡力打拚一輩子，爲詩壇默默奉獻，爲兩岸文化交流也算盡心盡力，還只是稀疏的掌聲，且只是「或許」，或許有，或許連一個掌聲也沒有，人生要經營到完善完美，何其困難！

第二名：軛，終於卸下——退休感言

軛，終於卸下
那頭老牛
輕輕地噓了一口氣
仰頭望天

回首來時路
有時風雨有時晴
一位曾經英挺煥發的青年
如今已是一位鬚髮皆白的老者

日子的田畝就這樣
日日夜夜不停耕耘
從白天到黑夜，從春夏到秋冬
如此過了多少年？

一頭終於卸下苦軛的老牛
悠然地躺於樹蔭下
望著天邊將落未落的夕陽
想著如何安度的晚年

二〇一一年十月世界論壇報，「世界詩壇」

這首詩有兩個意象用的很貼切：「軛」和「老牛」。牛是台灣在農業時代重要生產動力來源，也是農業社會一般農家的財富計量對像，牛越多財富越大。有些地名叫「三張犁、四張犁……七張犁……」，也是按牛隻計算，所以台灣社會對牛普遍有感情，也敬重牛隻。而「軛」是用來扼住牛頭的一種機制，使趕牛車的人方便控制牛，叫牛不要發「牛脾氣」。

台客當了一輩子的公務員，像牛一樣，被軛制、操勞一輩子，只有吃公家飯的人（我也是）才能領會到這詩中的「軛」是個啥東東。詩起頭「軛，終於卸下／那頭老牛／輕輕地噓了一口氣／仰頭望天」，這一刻等了四十年，「噓了一口氣」用的很好，而仰頭望天，感謝老天，終於讓老牛解放了。中間兩段回憶人生過程，那辛苦不在話下，怎一個「苦」字了得！

末段雖然放下了「苦軛」，可以悠然躺在樹下納涼。但似乎又面臨了嚴肅的問題，「將落未落的夕陽」表示太陽要下山了，人生要準備打烊了，如何安度晚年——漫長的退休生活，老牛得好好計畫，劃下亮麗的句點。

這首詩排第二名，原因之一是台客的人生感懷甚爲動人，語言運用也很有詩意，兩個意象（軛、老牛）很有本土味。其次軛也是所有人的人生「共相」，所有活著的人都被某種「軛」給扼住、控制，只有死人才不受軛制，卸下一個軛，又會套上另一個軛，這是人生的艱難處。雖能靠修行除軛（如佛法），但非常人能之。

第一名：三一九

兩顆子彈
一道傷痕
從此，歷史喊痛
人民痛喊

二〇〇八年三月十九日「三一九槍擊弊案」四週年，發表於二〇〇八年三月世界論壇報「世界詩葉」。

這首詩的好，早已在兩岸詩壇引起不少賞評，是台客「感時三章」的第一章。這首詩的好，好在就像我的夢中情人林志玲姊姊的身材，多一分嫌多，少一分嫌少；此詩則多一字為贅文，少一字為不足。是故，對這首詩我再解說即成冗長，它就是第一名。

結語：一個假設性命題

本文閱讀台客《續行的腳印》詩集，是抱著找尋可以傳世之詩品的心情，所謂「傳世」，畢竟是未來式，數十年、百年乃至千年的驗證過程，證明必得出一個結果，為是、為非、為有、為無，都有可能，所以是一種假設性命題。

假設這本詩集只有一首傳世之作，是「三一九」。

假設這本詩集能有二首傳世之作，是「三一九」、「軛，終於卸下」。

假設有三首，是「三一九」、「軛，終於卸下」、「人生六十感懷」。

若四首，是「三一九」、「軛，終於卸下」、「人生六十感懷」、「這一隻碩鼠」。

以下同前述排序。

台客是目前兩岸詩壇受到歡迎敬重的詩人，也是三月詩會同仁好友，總不能好友就盡說好話，那是害人害己的事。本文從「兩古」開始，我就把人情私誼放開，就事論事，避免情緒化論述，不當之處亦樂於接受公評，並請校正。（二〇一二年八月，台北公館蟾蜍山萬盛草堂主人陳福成草。）

以實例補註我的「春秋大業」論述

近幾年我在多本書中談到「春秋大義」意涵。（註：詳見《三月詩會研究》、《我們的春秋大業》、《我所知道的孫大公》等書，均文史哲出版；或更詳見《左傳》、《公羊傳》等書。）

我在本書前文有關台客之研究，也提到像陳樹菊、王貫英、台客等人之行誼，也算完成了個人的春秋大業。有關賣菜的陳樹菊義行，因媒體廣爲報導，大家都知道。但王貫英老先生義行，因年代較久，已少有知者。

正好中國時報在二〇一二年十月十六日，有一篇王貫英老先生的報導，乃將其圖文附後，已實例補註我的「春秋大業」論述之佐證。

按此意涵推述，《秋水詩刊》掌門涂靜怡、《創世紀》詩刊主編張默，乃至《葡萄園》詩刊文曉村先生，他們都算完成了他們個人的春秋大業。彼此行誼合乎「春秋正義」要義，深值筆之於書並頌揚其畢生行誼，爲後世炎黃子民學習之典範。

資料來源：
中國時報
2012.10.16.
人間福報
2012.10.16.

紀念現代武訓 貫英圖書館

前言：冠上個人或社團名稱的建物、公園不少，有些身負興學重責、有的則默默傳承文化，但如何讓建築與周遭環境自然融入，避免東一個涼亭、西一個詩鐘座，一抬頭又見矗然大天橋的大雜燴景象，主政者還是得花點巧思，才能讓資源發揮更大價值。

【王文伶／台北報導】台灣平民教育家王貫英自強效法古人武訓行乞興學，一直窮蓄精力贈國內外文教機構與學校，另創「私立貫英圖書館」。王貫英逝世時，由政府轄位處理後事，原名台北市立圖書館古亭分館更名為「台北市立圖書館王貫英先生紀念圖書館」，紀念他的義風義行。

王貫英民國卅九年隨海軍艦來台，四十四年開始拾荒生涯，陸續發放獎學金給品學兼優學生並贈書給學校。六十七年成立「私立貫英圖書館」，七十九年在貫英圖書館內不慎跌傷，經送台大醫院急救，出院後，結束卅五年的拾荒生涯。八十七年十二月十五日凌晨病逝台北仁濟醫院，享年九十三歲。

王貫英愛書如命，生活起居都在一個約略二坪大的斗室，家當亂中有序。生前白饅頭便可度日，是現代顏回「一簞食，一瓢飲，居陋巷，曲肱而枕之，人不堪其憂，回也不改其樂」的寫照。

北市圖主任廖木川表示，王貫英推動圖書教育，六十七年曾經向北市府租借公有地下室，在中華路一處地下室設立「貫英圖書館」，北市圖則協助館舍，又被稱為「王貫英先生閱覽室」。

王貫英有「現代武訓」之譽，畢生致力圖書教育，王貫英在八十七年逝世時，由教育部、台北市立圖書館等單位處理他的後事，並將分館更名為「王貫英紀念圖書館」，紀念其無私無我的精神。翌年時任台北市長的馬英九揭幕更名，表彰王貫英事蹟。

台北市立圖書館王貫英先生紀念圖書館館藏特色為旅遊，館舍自地上三樓至地下一樓，館舍外部於汀州路金門街口，設有王貫英紀念園供大眾緬懷。園區刻著「日拉三輪車，一天兩往還，揀來廢棄物，送到垃圾店。餘錢購經史，贈給圖書館，培養清寒士，為國育俊彥」。

▲王貫英圖書館中有座王貫英先生半身塑像，上面有其拾荒興學事蹟。（本報資料照片）